우리는
선배시민의 길을 만든다

선배시민 라이브러리

우리는
선배시민의 길을 만든다

유범상·중원노인종합복지관 사회복지사들

마북

일러두기
이 책에서는 노인의 호칭으로 노인, 어르신, 선배, 선배시민 등을 혼용했다.
선배시민론은 노인 존재의 본질에 대한 논의로, 호칭을 규정하지는 않는다.
따라서 맥락에 따라 자연스러운 호칭을 사용할 수 있다.

프롤로그_이상을 현실로 만든 사람들의 이야기

유범상

이상이 일상이 되는 상상

'이상이 일상이 되도록 상상하라.'

필자가 참여하는 모든 모임에서는 이 모토, 줄여서 '상상상'을 추구한다. 인간은 언제나 지금보다 더 나은 나, 우리, 공동체에 대한 이상을 품어야 하는 존재이다. 즉, 현실을 개선할 수 있는 가치가 무엇인지 고민하고, 그렇게 변화할 수 있다는 희망을 가져야 한다. 이상이 일상이 된다는 것은 실천을 통해 이상이 실현되는 것을 의미한다.

이상이 일상이 되기 위해 실천에 앞서 또 필요한 것이 있다. 이상이 일상이 되는 상상을 먼저 해야 한다. 이때 중요한 것은 상상을 함께하는 동료들의 존재다. 이 동료들에게는 일상적인 학습, 소통 그리고 실천을 모색하는 광장이 있어야 하는데, 이것이 학습동아리이다. 학습동아리는 자신과 공동체를 성찰하는 장소이자, 학습과 토론을 배우고 익히는 학교이며, 실천 방법을 모색하는 실험실이다.

'상상이 일상이 되도록 마을에서 실천하라.'

줄여서 '상상마실'은 필자가 구성원으로 있는 한국방송통신대학교 사회복지대학원의 슬로건이다. 상상이 일상이 되도록 마을 속으로 들어가서 실천해야 한다는 의미다. 상상만 하면 공상이 될 가능성이 크고, 냉소주의자가 될 수도 있다. 상상은 실천을 통해 일상이 되어야 하고, 그 실천의 장은 마을로 상징되는 공동체이다.

노인은 시민이 될 수 있을까? 우리는 권위주의 군사정권하에서 국민으로 호명되어 정권에 충성하는 신민의 대표로 노인을 경험해왔다. 노인은 공장에서는 근로자, 시민사회에서는 '조국과 민족의 무궁한 영광을 위하여 몸과 마음을 바쳐 충성을 다'하는 신민으로 존재했다. 이들은 생존의 문제를 국가가 책임져야 한다는 의미의 사회권을 배운 적이 없다. 이런 노인들에게 '당신들은 시민이고, 헌법에 명시된 시민의 권리인 자유권과 사회권을 요구해야 하며, 이를 위해 도처에서 조직하여 보편적 복지국가를 지지하고 실현해야 한다'는 이상은 일상이 될 수 있을까? 필자는 선배시민론을 만들면서 이 이상이 일상이 되는 상상을 했다.

실천은 현장의 몫이다. 그런데 현장이 이것을 실천하려면 사회복지사는 복지서비스를 전달하여 취약계층을 대상으로 사례관리를 하는 사람carer에서 벗어나야 한다. 그는 시민권을 학습하고, 이를 노인들과 나누어 노인이 스스로 시민임을 이해하도록 돕고, 선배시민이 된 이들과 지역사회를 함께 변화시키는 활동가가 되어야 한다. 이것이 사회복지사에 대한 상상이었다. 이런 상상 속에서 사회복지관은 케어센터를 넘어 커뮤니티센터가 되어야 한다. 커뮤니티센터는 학습동아리를 조직하여 시민권 학습을 지속하고, 이렇게 학습한 사회복지사와 선배시민 들은 지역에서 자선을 넘어 권리를 실현하는 실천을 해야 한다. 이것이 민주주의의 실험실로서의 사회복지관과 권리를 실현하는 사회복지 실천에 대한 이상이었다. 과연 가능할까? 이상과 상상에만 머무는 것은 아닐까? 필자의 이러한 상상을 현실로 만든 사람들이 나타났다.

상상을 현실로 만든 사람들

필자는 유학하고 돌아와 누나와 이웃의 벗들과 함께 학습동아리를 시작했다. 학습은 '마중물 세미나'라는 이름으로 지속되었고, 이 과정에서 '사단법인 마중물'을 만들었다. '시민교육과 사회정책을 위한 마중물'이라는 명칭에서 알 수 있듯이 시민교육을 하고 사회정책을 모색하는 모임이다. 마중물은 '자기 목소리로 공동체에 참여하는 권리와 의무를 가진 시민들'을 교육하고 이들과 함께 학습·소통하며 지역과 국가를 변화시키는 계기를 만들고자 했다. 2010년부터 노인에 대한 시민교육을 고민했다. 이런 고민을 체계화한 것이 선배시민론이다.

선배시민론 교육은 초기에 몇 곳의 복지관과 도서관 등에서 필자와 누나가 주도했다. 그러던 중 마중물 회원인 고상진 관장이 중원노인종합복지관에 취임하면서 전기를 맞았다. 고상진 관장이 중원노인종합복지관의 비전을 선배시민이라 보고 직원 교육과 노인교육을 실시한 덕분이다. 복지관 직원들과 노인들은 처음에는 선배시민 이론과 교육 방법을 생경해했지만, 노인에 대한 새로운 상상을 전파하려는 노력은 계속됐다. 고상진 관장의 적극적인 노력으로 경기도노인종합복지관협회가 선배시민 사업의 중요성을 인식하기 시작했다. 협회는 2015년 선배시민 이론과 실천론을 정립하는 프로젝트를 마중물에 의뢰하였고, 이후 협회 소속 노인복지관이 잇달아 선배시민 교육을 요청하였다.

선배시민 교육과 실천의 규모가 더욱 확대된 것은 한국노인종합복지관협회(이하 한노협)가 선배시민 교육을 프로그램으로 채택하면서부터이다. 2015년 말 한노협 전혜원 부장은 마중물에 선배시민 교육과 연구를 의뢰했고, 이것이 계기가 되어 2023년 현재까지 한노협은 선배시민론을 중심에 두고 선배시민 대학, 선배시민 자원봉사, 선배시민 정책대회 등을 매해 실시하고 있다.

이 과정에서 필자는 선배시민론이 풀뿌리 민주주의의 기초로서 단위 복지관에 뿌리내리기를 바랐다. 중원노인종합복지관은 이를 꿈꿀 수 있는 토양이자 근거였다. 고상진 관장의 확고한 의지와 철학이 있었기에 필자가 지속적으로 사회복지사를 비롯해서 복지관에 근무하는 모든 직원, 그리고 노인들을 대상으로 선배시민 교육을 할 수 있었다. 특히나 초기에 선배시민론과 그 실천 가능성에 반신반의했던 사회복지사들이 함께해준 덕분에 중원노인종합복지관의 선배시민 사업이 본궤도에 올랐다.

2019년 신명희 관장이 중원노인종합복지관에 취임한 이후 선배시민 사업은 질적·양적으로 확장되었다. 2016년 팀장 이상 중간관리자 중심의 '인권다방'으로 시작한 학습동아리가 '목요클럽', '마리다', '너목들', '상상상', '생각부엌' 등으로 이어지며 총

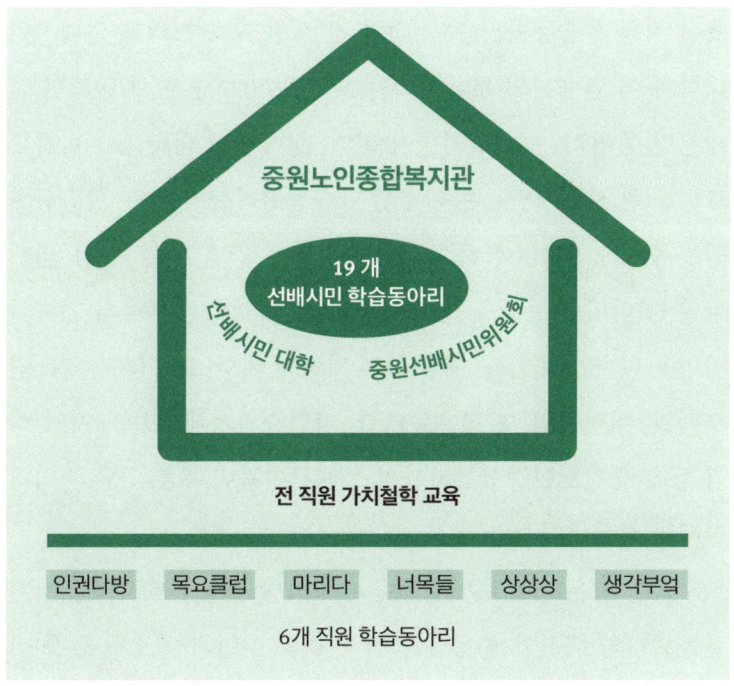

중원노인종합복지관의 선배시민 활동 조감도

6개가 운영 중이다. 사회복지사 전원과 상담사 등이 학습동아리에 참여하고 있다. 한편 중원노인종합복지관은 전 직원을 대상으로 선배시민 교육을 매년 시리즈로 진행하고 있다. 여기에는 사회복지사 외에도 간호사, 물리치료사, 상담사, 시설 기사, 영양사, 조리원, 조리장, 회계 담당 등 모든 구성원이 참여하고 있다. 이는 선배시민의 가치와 철학을 전 직원이 공유함으로써 이것이 모든 활동에 녹아들어 있음을 의미한다.

이 토양 위에 노인을 대상으로 한 선배시민 대학이 운영 중이다. 2023년 현재 10기 대학이 진행 중인데, 기수별 모임과 더불어 기수 간의 만남과 재교육을 진행한다. 앞 페이지 그림에서 보듯이 직원 학습동아리, 주기적인 전 직원 교육 그리고 선배시민 대학과 이 안에서의 토론이라는 토양은 2023년 현재 19개의 선배시민 동아리 운영의 기반이 된다. 선배시민 대학에서 학습과 토론을 한 선배시민들은 다양한 학습동아리를 만든다. 학습동아리는 후배시민과 소통하고 마을로 들어가 안전, 환경, 건강, 의제 발굴 등 다양한 활동을 한다. 이 과정에서 다양한 마을의 단체와 시민을 만나 연대한다. 예를 들어 지역의 대학, 고등학교, 청소년 수련관, 어린이집, 환경운동연합, 자원순환가게 re100, 지역 상가 등은 중원노인종합복지관의 선배시민들이 주로 만난 지역의 단체와 시설이다.

주목할 점은 지역 후배시민들과의 만남이다. 선배시민들은 자신들끼리의 대화와 활동을 넘어 지역의 청년과 청소년 들을 만난다. 세대 통합 토론회, 지역의 청소년을 만나 응원하는 '힘내라 청춘들', '힘내라 샛별들' 등의 프로그램은 이것을 잘 보여준다. 동아리들은 복지관에 머무르지 않고 지역으로 향한다. 공동체 건강 지킴이 '진선미', '꽃사슴', '우정' 동아리는 사회체육시설을 관리하고 건강에 위협이 되는 미세먼지 예방을 위한 정책 제안을 한다. 선배시민 동아리는 지역의 안전을 살피고 미비점을 해결하기 위한 다양한 활동을 해왔다.

선배시민 동아리는 각자 활동만 하지 않는다. 동아리 연합인 중원선배시민위원회를 만들어 분기별 모임을 갖고, 서로의 활동을 공유하고 함께할 수 있는 프로그램을 만든다. 선배시민박람회와 전국환경챌린지는 중원선배시민위원회의 결과물이다. 이처럼 중원노인종합복지관은 노인과 청소년, 지역주민 들의 회합의 장소이다. 이 안에서 토론, 상상, 실천이 나오는 민주주의의 실험실이자 제작소이다.

필자가 즐겨 쓰는 모토인 '상상상'과 '상상마실'에 덧붙여진 구호가 있다. '우리가 걸어가면 길이 됩니다.' 중원노인종합복지관은 우리가 걸어가는 곳이 길이 될 수 있다는 확신을 준 조직이다. '근거 없는 낙관주의가 근거를 만든다'는 구호도 자주 쓴다. 처음에는 선배시민론이 실현될 거라는 근거가 없었다. 하지만 근거 없는 낙관주의로 시작했다. 이제 근거 없는 낙관주의의 근거가 나타났는데, 그곳이 바로 중원노인종합복지관이다.

선배시민을 향한 의미 있는 여행 안내서

이 책은 선배시민이라는 이상이 일상이 되는 상상이 어

떻게 현실이 될 수 있는지를 세세하게 보여주는 실천 여행 안내서이다. 여행지는 경기도 성남의 중원노인종합복지관이라는 장소이다.

1장 '민주주의 실험실과 시민의 탄생'은 중원노인종합복지관에 입장하기 전, 여행 목적을 설명한다. 생존과 실존의 삶을 위협받고 있는 노인들의 현실에 주목하며, 노인을 시민으로, 선배로, 그리고 인간으로 보자고 제안한다. 이 존재는 '빵'을 시민권으로, '장미'를 시민권 실현을 위한 사회참여와 그 속에서 만들어진 우정, 즉 연대로 획득한다. 이것을 가능하게 하는 것은 시혜와 자선이 아니라 권리와 연대를 실현하는 실천이다.

2장에서 5장까지는 중원노인종합복지관을 본격적으로 여행한다. 2장 '선배시민을 만나기까지의 고민'에서는 중원노인종합복지관의 위치, 역사, 시민권을 중심에 두고 선배시민 교육을 실시한 배경 등을 설명한다. 3장 '선배시민을 향한 도전'에서는 운영되고 있는 중원노인종합복지관의 선배시민 프로그램을 소개한다. 4장 '변화된 사람들'은 선배시민론을 실천하면서 변화된 사람들의 이야기라면, 5장 '케어센터에서 커뮤니티센터로'는 중원노인종합복지관이라는 공간의 변화에 관한 것이다.

이 책을 통해 중원노인종합복지관 노인들은 선배시민으로서 공동체에 참여하며 살겠다는 의지를 밝힌다. 사회복지사들은 자신들이 해야 할 사회복지가 선배시민을 '위하여'가 아니라 그들과 '함께'하는 것이라는 깨달음을 전한다면, 지역주민과 후배시민 들은 노인을 토론하는 동료로 인식하고 있음을 보여준다. 그렇다면 중원노인종합복지관은 어떻게 변했을까? 우선 시민권과 보편적 복지를 지향하는 철학을 기반으로 한 복지관으로 바뀌었다. 그리고 복지관은 마을의 커뮤니티센터가 되었고, 이 안에서 사회복지사들은 교육가, 조직가, 정책가로 자신을 인식하고 있음을 고백한다.

중원노인종합복지관은 선배시민론이라는 이상이 일상이 된 사례이다. 필자는 제2, 제3의 선배시민 실천 사례가 잇달을 것이라고 자신한다. 이미 이런 조짐이 진천, 부산, 전주, 대전, 경기, 서울 등지에서 이어지고 있다. 여기에 더해 한노협과 같은 중앙 조직이 이 사례를 확산시키고 있다. 사단법인 마중물과 한노협에서 선배시민 강사 양성 과정을 지속적으로 운영하고 있다.

이 책을 만든 사람들

2022년 선배시민학회가 만들어졌고, 필자가 초대 회장을 맡았다. 선배시민학회는 기존 학회와는 달리 이론과 실천을 통합하려는 시도를 하고 있다. 학계(이현숙 한국방송통신대학교 교수)와 현장(신명희 중원노인종합복지관 관장)을 대표하는 두 사람이 부회장을 맡았고, 분과위원장도 현장과 학계가 함께하고 있다. 이 자리를 빌어 김영애, 고상진, 김성미, 박란이 분과위원장과 노은실, 유미선, 서재순, 전수희 학회 간사들께 감사를 드린다.

선배시민론은 노인에 대한 '해석'을 넘어 시민들의 더 좋은 삶을 위한 '변화'를 모색하고 있다. 선배시민론은 복지관을 넘어 노동조합의 퇴직자 프로그램, 도서관과 서울시50플러스재단의 시민교육, 대학의 교과목으로도 등장하고 있다. 도처에서 풀뿌리 시민운동이 되고 있다. 이것이 가능했던 이유는 필자와 함께 토론하는 동료들 덕분이다. 누나인 유해숙 전 인천사회서비스원 원장, 고상진 전 관장을 포함한 마중물의 동료들, 그리고 학회의 임원진과 회원들이 그들이다. 또한 사회복지 현장의 사회복지사들, 이들과 함께 민주주의의 광장을 만들고 있는 선배시민들이 그들이다. 이들이 없었다면 선배시민론은 외로운 섬에 유폐되어 있었을 것이다. 진심으로 감사드린다.

출판사 마북의 김민하 대표와 정안나 편집자에게도 감사드린다. 이들은 마중물의 정신인 차이가 편안히 드러나는 시민들의 광장을 만드는 실천에 주목하고, 운동의 차원에서 이 작업에 임해주었다. 공미경 디자이너의 품격 있는 디자인은 이 책을 더욱 빛나게 해주었다. 세 분에게 심심한 동료애를 보낸다.

이 책이 가능했던 것은 중원노인종합복지관 직원들 덕분이다. 사회복지사들은 물론이고 간호사, 물리치료사, 상담사 등 모든 직원이 함께 학습했다. 학습 과정에서 이들은 학습동아리를 만들었고, 새로운 프로그램을 제안하고 실천했다. 필자는 사회복지 현장의 사람들을 두고 사회적 위험에 맞서 싸우는 용사들이라고 말하곤 하는데, 중원노인종합복지관의 사람들이야말로 그러하다.

이 책은 중원노인종합복지관 직원들의 노고는 물론 이들과 함께 변화하고 실천하고 조직하는 사람들, 즉 선배시민들 없이는 불가능했을 것이다. 한국의 노인들은 청년기 산업화 시대에 가난한 국가를 책임졌고, 노년기에는 풀뿌리 민주주의를 익히고 실현하는 선배시민이 되어주고 있다. 이들에게 한국은 너무 많은 빚을 지고 있다. 이 땅의 선배시민들에게 감사를 표하고, 이들의 실존을 응원한다.

차례

프롤로그_이상을 현실로 만든 사람들의 이야기 • 5

1장 민주주의 실험실과 시민의 탄생 유범상 • 19

1. 한국의 노년: 생존, 인정, 우정의 위기 ——————— 21
2. 한국의 노인복지관: 정체성의 위기 ——————— 29
3. 사고의 전환: 사회관리와 선배시민 ——————— 38
4. 이상을 일상으로: 권리형 실천과 커뮤니티센터 ——————— 48

2장 선배시민을 만나기까지의 고민 • 57

1. 외로운 노인들, 고립된 노인복지관 서재순 ——————— 59
2. 열린 광장을 향한 대답 없는 열망 전수희 ——————— 65
3. 선배시민이라는 꿈 전수희 ——————— 79

3장 선배시민을 향한 도전 • 87

1. 우리 복지관이 달라졌어요 박희진 ——————— 89
2. 노인이 시민권을 만나는 방법 신은정 ——————— 101
3. 후배시민과 함께하는 선배시민 홍세희 ——————— 116
4. 선배시민, 지역사회로 나아가다 최유진 ——————— 128

4장 변화된 사람들 • 137

1. 나는 시민이자 선배이다 조수경 ——————————— 139
2. 사회복지에 대한 고정관념을 넘어서다 전수희 ————— 155
3. 세대의 벽을 넘어 광장에서 함께하다 홍세희 —————— 178

5장 케어센터에서 커뮤니티센터로 • 187

1. 커뮤니티센터가 되기 위한 도전 신명희 ———————— 189
2. 사회복지사, 철학을 만나다 신은정 ——————————— 199
3. 달라진 실천과 우리들의 고백 서재순 —————————— 221
4. 선배시민과 함께하는 행복한 지역공동체 신명희 ———— 236

에필로그_민주주의 실험실에서 시작된 새로운 희망 • 251

1장
민주주의 실험실과 시민의 탄생

유범상

노인복지관은 노인들의 생존과 실존의 위기에 대한 공적인 대응 장소다. 그렇다면 오늘날 한국의 노인복지관은 이 위기에 어떻게 대응하고 있을까? 노인복지관은 이 위기에서 노인들을 구할 수 있을까?

1. 한국의 노년: 생존, 인정, 우정의 위기

자식 농사와 생존의 위기

'가난은 나라도 구하지 못한다.'

한국의 노인들이 믿어 의심치 않는 말이다. 노인들은 생각한다, 요즘 청년들은 모든 것이 국가나 사회의 문제인 것처럼 남 탓을 하고 있다. 이런 생각의 이면에는 생계는 자기 책임이라는, 어려서부터 몸에 밴 자기 규율이 있다. 이런 생각은 어디에서 온 것일까?

성실한 마음과 튼튼한 몸으로, 학문과 기술을 배우고 익히며, 타고난 저마다의 소질을 계발하고, 우리의 처지를 약진의 발판으로 삼아, 창조의 힘과 개척의 정신을 기른다. (…) 우리의 창의와 협력을 바탕으로 나라가 발전하며, 나라의 융성이 나의 발전의 근본임을 깨달아, 자유와 권리에 따르는 책임과 의무를 다하며, 스스로 국가 건설에 참여하고 봉사하는 국민 정신을 드높인다.

노인들이 국민학교 시절 암기했던 「국민교육헌장」의 일부이다. 개인은 학문, 기술, 자기계발에 힘쓰고 더 나아가 나라의 발전과 융성을 위한 책임과 의무를 다해야 한다. 그 핵심에는 빵의 문제는 개인의 책임이며 가족이 해결해야 한다는 주장이 담겨 있다. 노인들은 이를 믿고 묵묵히 실천해왔다.

오늘날 한국의 노년은 매우 위험하다. 노인빈곤율이 40% 이상으로, OECD 국가 중 가장 높은 수치이다. 35%에 육박하는 노인취업률도 OECD 국가 중 가장 높다. 노인들은 생존을 위해 늙어서도 일을 해야 한다. 하지만 이 일은 대부분 공공근로의 형태이며 월 30만 원 전후의 벌이로 최저 '생존비'에도 못 미치는 수준이다. 노인자살률도 OECD 국가 중 1위로 매년 4,000명 이상의 노인이 죽는다. 자살의 원인은 빈곤과 깊은 연관이 있다.

산업화 시대에 열심히 일하며 가족 농사를 잘 지어 노후 보장을 받으려던 노년의 계획은 현재 실패한 것으로 보인다. 왜일까? 산업화 시대에는 성장기였기 때문에 일자리가 많았다. 개인 의지가 있고 노력만 하면 최소한 입에 풀칠은 할 수 있었다. 살 집을 얻는 것이 지금처럼 어렵지 않았다. 또한 노후에는 자식들이 든든한 재원이 되었다. 하지만 지금은 저성장 시대다. '워킹푸어 Working Poor(근로 빈곤)'라는 말에서 알 수 있듯이 일을 열심히 해도 임금이 적어 가난을 면치 못한다. 평생에 걸쳐 집 한 채를 마련하기가 쉽지 않다. 자식들은 노인들을 지원하기는커녕, 높은 물가와 질 나쁜 일자리에 자신과 자신의 자식을 돌보기도 벅차다.

이런 상황에서 의료·과학 기술의 발달로 노년의 수명은 크게 연장되었다. 전통 사회에서는 50대를 중늙은이, 60대를 상늙은이라고 인식했다. 하지만 지금은 100세 시대다. 자식 키우느라 돈을 다 써버린 노인들이 자식의 도움 없이 무사할 수 있을까? 한국의 노인은 생존의 위기에 직면해 있다.

혐오와 인정의 위기

"늙으면 죽어야 해."

이 말에는 노년과 노인에 대한 혐오와 차별의 시선이 담겨 있다. 생산력의 측면에서 볼 때, 한국의 노년기는 잉여의 시간이고 노인은 쓸모없는 존재처럼 보인다. 더 이상 사회에 필요한 존재가 아니다. 늙고 아픈 몸은 돌봄이 필요하다. 경제활동을 하기보다는 사회적 자원을 소비하고 있다. 노인들은 사회적 재화와 서비스를 생산하기보다 축내는 존재처럼 보인다.

오늘날 청년들의 삶도 팍팍하다. 노인들은 '개천에서 용난다'는 말을 믿었고, 산업화 시대에는 이것이 가능하기도 했다. 하지만 오늘날 청년들이 보기에는 '강남에서 용난다'. 가난이 대물림되고, 능력을 키우려고 해도 가족의 든든한 지원 없이는 불가능에 가깝다. 청년들이 보기에 정부는 노인들에게 너무 많이 투자하고 있다. 노인들은 사회적 효용이 없는 일자리를 공공근로라는 명목으로 꿰차고 있다. 청년들에게 돌아가야 할 공적 자금이 노인들에게 집중 투여되는 듯하다. 사회적 편의도 노인들에게 집중된 것처럼 보인다. 지하철을 공짜로 이용하고 사실상의 전용 좌석까지 있다 보니 너무 많은 노인이 밖으로 나온다고 생각한다.

국가인권위원회 「노인인권종합보고서」(2018)에 따르면, 청년층의 80%가 노인에 대해 부정적인 감정을 가지고 있고, 77%는 노인복지 확대로 청년층의 부담이 증가하고 있다고 생각한다. 한국에서 노인은 잉여의 존재이고 부양의 대상이다.

경제적 측면에서 볼 때 쓸모없는 존재인 노인들은, 사회적 측면에서 볼 때도 의미 없는 존재로 취급받는다. 농경사회에서 노인은 존경의 대상이었다. 그들은 가부장제의 정점에서 어른의 역할을 했다. 가계를 통합하고, 후손에게 조언하고, 풍부한 농경 지식과 지혜로 공동체를 이끌어갔다. 하지만 대가족이 해체되고 정보화 사회가 된 오늘날 노인들의 목소리는 잔소리에 불과하다. 이들은 이제 '어르신'이 아니라 '꼰대'이다. 꼰대는 자신의 경험에 기대어 다른 사람들에게 훈계만 하려는 존재이다.

잉여인간, 꼰대, 돌봄의 대상인 노인들은 혐오와 차별의 대상이 된다. 다른 세대들에게 노인에 대한 이미지를 물으면 '폐지 줍는 노인', '과거에 기대어 현재에 대해 불평만 읊조리는 틀딱', '비경제적인 쓸모없는 존재'라고 답하는 사람이 많다.

공동체 파괴와 우정의 위기

'긴병에 효자 없다.'

좋은 삶을 살아가려면 우정이 필수다. 아리스토텔레스에 따르면 우정은 상호 간의 호의와 평등한 관계에서 만들어진다. 그리고 우정이 유지되기 위해서는 좋은 공동체가 필요하다. 가족이라는 울타리에서의 우정은 '천륜'이라고 할 수 있다. 그리고 공동체의 우정은 시민들이 서로 믿고 돕는 '연대'이다. 공동체의 연대는 평등을 전제로 시민들이 서로 의존하고 협동하는 사회적 우정이다.

우정은 왜 중요할까? 우정은 상호 간의 도움과 돌봄으로 이어지기 때문이다. 특히 노년에는 가족과 이웃 그리고 국가라는 공동체 구성원 간의 우정이 중요하다. 아플 때, 배고플 때, 힘들 때는 우정이 생존과 돌봄에 필수이기 때문이다.

노인이 되면 아프고, 외롭다. 늙은 몸은 쉽게 지친다. 수입이 줄어들거나 심지어는 없어지고, 직장에서의 대인 관계도 끊어지기 때문에 함께 시간을 보낼 사람도 적어진다. 이들이 짊어진 짐을 내려놓을 곳이 없다. 이들은 몸과 마음의 병을 갖게 될 가능성이 높다.

몸과 마음이 취약해지는 노년에 우정은 필수다. 하지만 가족의 우정은 안전하지 못하다. 핵가족으로 가족공동체는 축소되었다. 자녀가 많았던 전통 사회와 달리, 산업사회에 줄어든 소수의 자식은 부모와 우정을 나눌 자원도, 시간도 없다. 이런 상황에서 부모의 긴병에는 효자가 없다. 즉 긴병을 함께할 자식의 효심조차도 믿을 수 없는 사회가 된 것이다. 팍팍한 삶을 살아가는 청년들에게 효녀 심청을 이야기하며 돌봄을 기대할 수는 없다.

그렇다면 공동체의 우정은 믿을 수 있을까? 전통 사회는 노동과 돌봄을 함께해야 유지되는 사회였다. 두레의 품앗이는 공동으로 노동해야 하는 농업적 특성을 반영해 만들어지고 유지되는 것이었다. 두레에는 한동네에 사는 씨족이나 대가족이 참여했다. 하지만 오늘날 '아파트 공화국'에서 이웃 간의 우정은 메말랐다. 이웃의 노동과 우정이 자신의 삶에 도움이 되지 않는다.

한국의 국가는 연대를 가르치지 않는다. 가난은 가족의 몫이다. 그렇다 보니 개인과 가족의 독립, 자립, 경쟁, 능력을 위해 각자도생하고 있다. 이런 상황에서 의존과 사회적 돌봄에 낙인을 찍는 잔여주의 복지국가가 만들어졌다. 발전국가와 잔여주의 국가는 시민들의 우정, 즉 연대를 복지병이나 의존증으로 여겨 오히려 비판한다. 이같은 맥락에서 노인 빈곤의 원인은 젊은 날 노력하지 않는 자신에게 있다. 노인들은 '복지충'이 된다.

전통 사회에 존재했던 가족과 공동체의 우정은 오늘날 기대하기 힘들다. 노인들은 믿을 만한 따뜻한 둥지가 없다. 자식과 공동체의 우정은 더 이상 노인들의 든든한 울타리가 아니다.

노인복지관은 위기를 해결할 수 있을까?

그림 1에서 보듯이 한국의 노인은 생존의 위기, 인정의 위기, 우정의 위기에 처해 있다. 생존은 본능적인 욕구로 먹고사는 문제를 의미한다면, 인정은 사회적인 욕구로 의미 있는 존재로 살아가는 것을 뜻한다. 우정의 위기는 구성원 간의 사랑, 돌봄, 연

대, 호의 등과 관련된 것인데, 오늘날 노인들은 고독생과 고독사의 위기에 직면해 있다. 높은 빈곤율과 자살률은 이들이 우정의 위기에 처해 있음을 여실히 보여준다.

인간은 빵과 장미가 필요한 존재다. 빵은 의식주와 같은 생존의 필수조건을 의미한다면, 장미는 품위, 존중, 인정 등과 같은 실존을 의미한다. 이런 점에서 볼 때 한국의 노인은 생존과 실존의 위기에 처해 있다.

노인들에게 생존과 존엄한 실존을 보장하지 못하는 공동체는 위험하다. 이런 공동체 속 모든 시민의 삶은 불안하다. 부모를 부양하는 책임을 다하지 못하는 자녀는 경제적·심리적·사회적 문제를 안고 살아가야 하기 때문이다. 자녀의 노인 학대와 청년층의 노년층에 대한 혐오는 사회적 범죄로 이어진다. 경제적인 문제로 몸과 마음이 지치고, 사회와 자녀들 앞에서는 면목이 없는 노인들은 생존과 실존을 보장받으며 살아갈 수가 없다.

좋은 삶에는 우정과 공동체가 필수라는 아리스토텔레스의 말

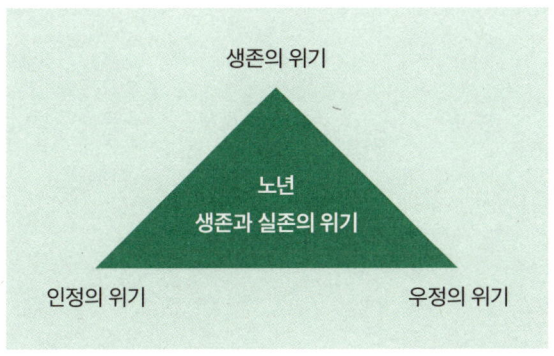

그림 1. 노년의 위기

을 다시 한번 생각해보자. 사회복지관은 일상의 삶이 이루어지는, 지역의 공동체 공간이고 우정을 만드는 곳이라고 할 수 있다. 특히 노인복지관은 노인들의 생존과 실존의 위기에 대한 공적인 대응 장소다. 그렇다면 오늘날 한국의 노인복지관은 이 위기에 어떻게 대응하고 있을까? 노인복지관은 이 위기에서 노인들을 구할 수 있을까?

2. 한국의 노인복지관: 정체성의 위기

노인들만 가는 곳, 노인복지관의 고령화

'도움이 절실하고 어려운 사람들이 가는 곳.'

사회복지관에 대한 이미지이다. 사회복지관은 결핍이 있는 취약계층을 도와주는 곳이라고 인식하는 것이다. 과연 그럴까?
 일반적으로 사회복지social welfare는 시민들의 안녕을 위한 사회적인 실천을 의미하며, 사회복지관은 이런 기능을 수행한다.

> 사회복지관이란 지역사회를 기반으로 일정한 시설과 전문인력을 갖추고 지역주민의 참여와 협력을 통하여 지역사회 복지문제를 예방하고 해결하기 위하여 종합적인 복지서비스를 제공하는 시설을 말한다.
> ―「2022 사회복지관 운영관련 업무처리 안내」(보건복지부)

현실에서의 사회복지관은 어떨까? 지역주민들은 대부분 좋은 일을 하는 곳이라고 인식한다. 그리고 이런 일을 하는 사회복지사를 헌신적으로 봉사하는 사람이라고 여기는 경향이 있다. 그런데 사회복지관의 헌신적인 봉사 대상은 주로 취약계층이다. 취약계층은 도움이 필요한 불쌍하고 어려운 이웃이기 때문이다. 이것은 한국에서 사회복지는 취약계층을 돕는 것이라고 이해하는 것과 일맥상통한다. 따라서 사회복지관 이용자들은 일반 주민이 아니라 결핍이 있는 어려운 사람들이다.

이는 노인복지관에도 적용된다. 노인복지관은 노인 중에서도 도움이 필요한 상태에 있는 자들이 주로 이용한다. 한마디로 70대 이상의 빵이 필요한 노인이 주 이용자이다. 여기에서 빵은 식사와 물리치료 혹은 무료함을 달래줄 취미 및 여가 활동을 의미한다.

그렇다면 경제적으로 어렵지 않은 노인들은 노인복지관을 이용할까? 1955~1963년에 태어난 700만 명 이상의 '베이비부머' 세대들은 노인복지관에 올까? 이들은 '노인'이나 '어르신'이라는 단어를 싫어한다. 본인들은 아직 늙지 않았다고 생각하기 때문에 노인으로 불리는 것을 꺼려 한다. '어르신' 또한 현명하고 어진 어른의 이미지라 또 하나의 굴레가 된다고 보아 자유롭게 하고 싶은 것을 하는 자신들의 존재와 정체성을 표현하는 단어가 아니라고 여긴다. 인생 이모작을 해야 하는 자신들을 늙은 사람이나 어르신이라 부르는 것을 불편해한다. 이러한 맥락에서 이들 역시 노인복지관은 늙고 힘들고 어려운 사람들이 가는 곳이라고 생각한다. 그래서 베이비부머 세대나 자립심 강한 노인들은 노인복지관보다는 도서관, 평생교육기관, 50플러스센터 등에 가려고 한다.

이처럼 노인복지관은 돌봄이 필요한 취약한 노인들이 가는 양로원이라는 시선이 있다. 비교적 젊은 노인들이 이용하지 않으면서 노인복지관은 고령화되고 있다. 노인복지관의 노인들은 돌봄의 대상이다. 주민들은 노인복지관의 등장을 반기지 않는다.

노인복지관, 기능과 프로그램의 위기

'복지관의 늘어만 가는 돌봄 프로그램은 노인 삶의 질을 향상시키고 있는 것일까?'

노인복지 현장에 있는 많은 사회복지사가 하는 질문이다. 매일 복지관을 찾는 노인들과 재가노인을 대상으로 열심히 서비스를 제공하고 있는데, 왜 이런 의문이 남는 걸까? 그 원인을 알기 위해서는 현재 노인복지관의 기능을 살펴볼 필요가 있다. 한국의 노인복지관은 다음 여섯 개의 영역에서 사회서비스를 제공하고 있다.

> 상담, 사례관리 및 지역사회 돌봄, 건강 생활 지원, 노년 사회화 교육, 지역 자원 및 조직화, 사회참여 및 권익 증진
> ─「노인복지관 6대 사업 기초 가이드」(한국노인종합복지관협회, 2020)

6대 사업 중 상담, 사례관리 및 지역사회 돌봄, 건강 생활 지원과 관련된 프로그램은 빵과 관련된 활동으로서 의식주의 결핍을 해결하기 위한 서비스를 제공한다. 나머지 프로그램은 이와 달리 사회참여나 지역사회 조직화와 관련이 있다. 그런데 이 프로그램들도 활동 내용을 자세히 들여다보면 앞의 돌봄과 크게 다르지 않다.

노년 사회화 교육의 경우 '평생교육 지원'과 '취미여가 지원'으로 구분된다. 현재 노년 사회화 교육이 늘고 있는데 노인복지관 프로그램의 70%가 이것에 해당한다. 이 프로그램 때문에 노인복지관의 일이 가중되고 있다. 그런데 노년 사회화 교육도 앞의 세 영역과 마찬가지로 개인의 욕구를 충족시키는 서비스에 머물러 있다. 장미가 아니라 여전히 빵을 제공하는 돌봄 프로그램이라는 말이다.

지역 자원 및 조직화의 세부 영역은 '지역 자원 개발', '지역 자원 연계', '주거 지원'이다. 지역 자원의 조직화 영역은 노인의 돌봄을 위한 지역 자원을 개발하고 이것을 취약 노인들에게 연계하는 프로그램에 그친다.

마지막으로 사회참여 및 권익 증진 영역에도 '사회참여 지원'과 '노인 권익 증진'뿐만 아니라 '고용 및 소득 증진'이 포함되어 있다. 사회참여가 주로 자선을 베푸는 자원봉사라면 고용 및 소득 증진은 일자리 사업이다.

지금까지 노인복지관의 기능은 '클라이언트'라고 불리는, 욕구가 있는 취약계층에게 서비스를 제공하는 것으로 받아들여졌다. 기존의 클라이언트들은 빵과 관련된 욕구만 있었지만, 이제는 그 욕구가 취미 및 여가 활동, 고용 등으로 다양해졌다. 그래서 노인복지관은 클라이언트를 위한 서비스를 개발하고 제공하는 프로그램으로 분주하다. 문제는 이렇게 개인별 임기응변식의 서비스 제공만으로 노인들의 삶의 질이 향상될 것인가 하는 데 있다.

사회복지사, 과중한 부담과 소진의 위기

'노새처럼 무거운 짐을 짊어지고 어디로 갈지 모르는 나는 진정한 전문가일까?'

오늘날 사회복지사는 무거운 짐을 짊어지고 어디로 가야 할지 모르는 노새에 비유할 수 있다. 사회복지사에 대한 이미지는 봉사자, 천사, 성직자, 착한 사람이다. 사회복지사의 주요 업무는 돌봄노동이다. 즉 사회서비스를 개발하고 전달하는 역할을 맡고 있는 것이다. 이것은 「사회복지사 윤리강령」[1]에서 말하는 사회복지사의 역할에 부합하는 일일까? 사회복지사 윤리강령에서는 다음과 같이 사회복지사를 호명한다.

> 사회복지사는 인본주의·평등주의 사상에 기초하여, 모든

---

1 1982년 한국사회복지사협회 차원에서 제정돼 2021년 제4차 개정되었다.

인간의 존엄성과 가치를 존중하고 천부의 자유권과 생존권의 보장활동에 헌신한다. 특히 사회적·경제적 약자들의 편에 서서 사회정의와 평등·자유와 민주주의 가치를 실현하는 데 앞장선다. 또한 도움을 필요로 하는 사람들의 사회적 지위와 기능을 향상시키기 위해 저들과 함께 일하며, 사회제도 개선과 관련된 제반 활동에 주도적으로 참여한다.

강령에 따르면 사회복지사는 인권활동가와 크게 다르지 않다. 그는 인본주의와 평등주의에 기반하여 민주주의의 가치를 지키고 실현하는 사회개혁가이다. 그런데 현실에서 사회복지사는 어떤가? 취약계층에게 개별적으로 다가가 도시락 지원, 난방 지원, 건강 지원, 취미 및 여가 활동 제공, 상담 등 사례관리를 하는 돌봄이carer이다. 한마디로 서비스 전달자이다. 이 과정에서 사회복지사 스스로에게 다음과 같은 질문이 생긴다.

> 나의 서비스를 바탕으로 노인의 삶은 나아지고 있겠지?
> 그런데 사업은 왜 늘어만 가고, 나는 자꾸만 지쳐갈까?
> 사회복지사는 전문가라고 배웠는데, 내가 정말 전문가일까?
> ― 서재순 사회복지사(선배시민학회 월례 발표회, 2022. 11.)

미국의 사회복지사는 '믿을 수 없는 천사unfaithful angel'라는 표현이 있다. 이를 제목으로 하는 책[2]에 따르면 미국의 사회복지사는 프로그램을 따내고 완수하기 위해 성과가 잘 나올 만한 클라이언트를 선별해서 프로그램을 수행하려고 한다. 그렇다 보니 클라이언트 입장에선 서비스를 제공해주는 사회복지사가 천사처럼 보이지만, 실상은 믿을 수 없는 존재라는 것이다. 한국의 사회복지사는 결핍이 있는 클라이언트를 프로그램을 통해 지원하는 존재다. 그는 개인의 욕구에 따라 늘어나는 프로그램을 수행하다 어느 순간, 과연 내가 사회복지사 윤리강령 속 사회복지사의 정체성을 갖고 있는가 하고 의심한다. 이것이 지속되다 보면 한국의 사회복지사도 믿을 수 없는 천사가 될지 모른다.

기존 철학과 실천으로 위기를 해결할 수 있을까?

어려운 이웃이 살고 있다. 하루 벌어 하루 먹는 일상을 반복하고 있다. 그러다가 실업자가 되거나 노인이 되거나 장애인이 되어 더 이상 노동을 할 수 없다면 어떻게 될까? 이때 국가는 사회복지 서비스를 제공한다. 가족도 재산도 없는 이들을 선별하고 관리한다. 의지할 가족과 재산이 없는 취약계층, 즉 잔여적인 사람들을 선별하여 이들에게 최소한의 도움을 주는 것이 선별적 사회복지 혹은 잔여적 사회복지이다. 취약한 사람들, 이런 사례들을 관리한다는 뜻에서 사회복지에서는 '사례관리'라는 용어를 쓰고, 이 프로그램을 일선에서 담당하는 주체는 사회복지 기관과 시설 그리고 단체이다.

---

2 『Unfaithful Angels: How Social Work Has Abandoned Its Mission』, Harry Specht & Mark E. Courtney, The Free Press, 1995.

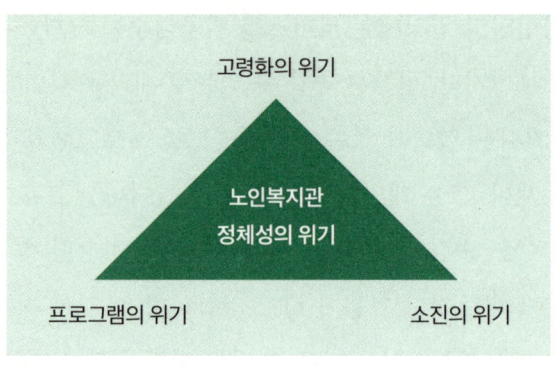

그림 2. 노인복지관의 위기

일선에서 사례관리를 실천하는 노인복지관은 그림 2에서 보듯이 세 가지 위기에 처해 있다. 70대 이상의 고령층, 특히 결핍을 가진 노인들만이 복지관에 찾아온다는 점에서 노인복지관의 고령화가 진행되고 있다. 프로그램은 이들을 위해 만들어졌기 때문에 모두가 돌봄과 관련이 있다. 그리고 이것을 수행하는 사회복지사들은 점점 지쳐가고 있다.

이러한 사회복지관의 사례관리는 시민의 삶을 개선할 수 있을까? 사례가 아니라 사회가 관리되어야 한다는 관점에 대해 생각해볼 필요가 있다. 어려운 이웃이 생기지 않도록 소득, 교육, 의료, 주택, 돌봄 등이 보장된 사회라면 어떨까? 노인들은 연금과 수당, 의료와 주거 보장 덕분에 사례관리의 대상이 될 필요가 없다. 이런 사회에서는 취약한 개인의 돌봄에 집중하는 것이 아니라 빈곤, 질병, 무지 등 시민을 어려움에 빠뜨리는 문제들과 맞선다. 즉 시민들이 보편적으로 누구나 이런 위험으로부터 안전할 수 있도록 제도적인 보장을 한다. 이렇듯 사회복지가 누구나에게 적용된다는 점에서 보편주의이고, 제도적으로 보장한다는 점에서 제도주의이다.

한국의 사회복지는 잔여주의와 선별주의의 전형적인 형태다. 2014년 송파 세 모녀 자살 사건과 2022년 폭우로 인한 반지하 거주 일가족 사망 사건은 사회복지 그물망의 취약성을 그대로 보여주었다. 이런 철학과 방향으로 노인들이 처한 위험을 해결할 수 있을까?

3. 사고의 전환: 사회관리와 선배시민

사회복지는 권리이자 권력이다

'어려운 이웃을 돕는 것을 넘어 어려운 이웃이 생기지 않는 공동체를 형성해야 한다.'

이것은 사회복지학과 신입생들에게 필자가 하는 첫 강의의 주제이다. 이를 들은 학생들은 당황한다. "그동안은 사회복지가 불쌍한 사람을 돕는 것이라고 알고 있었는데, 불쌍한 사람이 생기지 않는 공동체를 형성하는 것이라고요?"

공동체가 돌보는 시민은 가족의 울타리에 있는 시민보다 안전하다. 오늘날 가족의 책임에 맡겨진 한국 시민들의 삶은 위험에 처한 듯하다. 가족이라는 시스템이 점점 더 취약해지고 있기 때문이다. 아이를 낳고 키우는 데에 대한 부담으로 출생률은 나날이 낮아지고 있다.

1930년대 스웨덴에서도 저출생 문제가 제기되었다. 이때 스웨덴의 뮈르달 부부가 출간한 『인구 문제에서의 위기』(1934)에는 인구 위기의 대안으로 국가가 시민들을 요람에서 무덤까지 책임지겠다는 약속이 담겨 있다. 이같은 책임은 국가의 존재 이유고, 시민은 국가에 이런 의무 수행을 요구할 권리가 있다.

  사회적 위험에 대한 공적 대응이 사회복지이고, 이것을 요구할 권리가 시민들에게 있다. 따라서 사회복지는 이러한 시민의 권리를 시민이 알 수 있도록 하는 시민교육과 연관되어 있다. 권리를 실현하는 데는 많은 재원이 들어갈 수 있다. 소득 이전을 둘러싼 계급 간 갈등도 발생한다. 따라서 사회복지는 권리를 아는 것에 더해 권리를 관철하는 힘, 즉 시민력이 있어야 실현될 수 있다.

  시민력 확보는 자각, 연대 그리고 실천에 달려 있다. 자각이 권리를 아는 것이라면, 연대는 권리를 아는 사람들이 단결하는 것이고, 실천은 연대의 힘으로 변화를 만들어내는 일련의 행동이다. 이런 점에서 사회복지는 정치와 연관이 깊다. 한국방송통신대학교 사회복지대학원 신입생 모집 요강에 있는 모토는 다음과 같다.

> 사회복지는 정치다.
> 사회복지학은 시민문해교육이다.
> 사회복지대학원은 교육을 매개로 시민을 조직하는
> 시민교육 조직가 양성 과정이다.

  사회복지는 시민들이 권리를 알고 권력의 주체가 되는 것과 깊은 연관이 있다. 사회복지는 권리와 시민력 확보를 위한 시민정치이다. 이런 생각은 사회복지가 어려운 이웃을 돕는, 연민에 바탕을 둔 시혜와 자선이라는 생각과 큰 차이를 보인다. 사회복지는 배고프지 않은 소크라테스, 즉 생존권을 가진 의미 있는 존재가 될 수 있는 권리를 모두에게 보장하는 공동체 형성의 이론이자 실천이다.

사회복지 실천, 사례관리에서 사회관리로

'사례관리만 하다간 사례들린다.'

강의 때 하는 우스갯소리이다. 사회 구조는 그대로 둔 채 보이는 사례만 관리하다간 문제는 해결되지 않은 채 사회복지사만 힘들고 지친다는 것을 우회적으로 표현한 말이다. 그런데 사회관리 없이 사례관리가 될까?

사회복지 실천에서 문제에 개입하는 첫 번째 단계는 사정 assessment, 즉 주어진 문제에 대해 파악하고 어떻게 개입할지 계획을 세우는 것이다. 세 모녀 자살 사건을 다룰 때, 문제의 원인이 개인이라는 관점에서 사정을 한다고 해보자. 문제에 이르게 된 원인이 개인의 의지나 노력의 부재에 있다고 할 수 있다. 사회복지 서비스 체계에 접근하지 못한 것이 참극의 원인이라고 사정할 수도 있다. 이러한 관점에서 개선책으로 서비스연계망 확대와 복지 정보 체계 구축과 같은 것을 제시할 것이다.

한편 문제의 원인을 구조나 제도적 측면에서 본다면, 사정은 다르게 이뤄진다. 세 모녀 자살의 원인이 그녀들의 아버지 혹은 남편이 남긴 빚에 있는데, 그 빚은 암 투병을 하며 생긴 것이다. 늘어나는 빚 때문에 아버지가 자살하였고, 이것이 세 모녀에게 궁극적으로 부담이 되었다고 사정할 수 있다. 이 관점에서 사회복지의 목표는 사례관리가 아니라 국가가 의료를 무상으로 제공해야 한다는 사회관리가 될 것이다.

앞의 질문으로 돌아가보자. 사회관리 없이 사례관리가 될 수 있을까? 사례에 접근해서 사정을 하고 목표를 세운다고 하더라도 서비스의 양이나 질이 보장되지 않는다면 사례관리는 성공할 수 없다. 의료가 무상인 국가였다면 세 모녀의 가장이 암 치료비 때문에 빚을 지지 않아도 되었을 것이다. 따라서 사회복지 실천은 사회관리와 함께 사례관리가 이루어져야 한다.

노인에 대한 불경스러운 시선:
No人, 어르신 그리고 액티브 시니어[3]

'세 살 버릇이 여든까지 간다는데, 노인이 되었다고 갑자기 쓸모없는 존재나 어르신이 되는 것일까?'

'세 살 버릇이 여든까지 간다'는 속담은 타고난 성품이나 습관

---

[3] 『선배시민: 시민으로 당당하게 늙어가기』, 유범상·유해숙, 마북, 2022, 1장 참조.

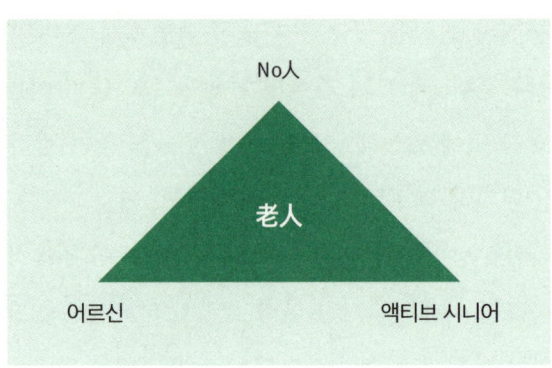

그림 3. 노인의 정체성

은 나이가 들어서도 유지된다는 의미이다. 노인은 늙은 사람, 즉 老人이다. 그런데 나이가 든다고 갑자기 어르신이 될까? 꼰대나 늙은이라는 용어에 담긴 부정적인 특징을 지닌 존재가 갑자기 될까?

한국 사회에는 나이가 들면 No人, 즉 사람도 아닌 존재가 된다는 생각이 지배적이다. '분리이론'은 이것을 잘 설명한다. 사람이 늙으면 경제적·신체적·사회적 어려움에 처하여 사회적으로 돌봐야 할 대상이 된다. 사회복지는 노인을 돌봄의 대상으로 규정하고 이를 위한 프로그램을 만든다. 그런데 의문이 생긴다. 나이를 먹으면 어느 순간 모두 경제적·신체적·사회적 어려움에 처하게 될까?

한국에는 부동산이 많고 사회적 영향력이 있는 성공한 노인도 있다. 노후 보장이 잘 된 복지국가에서 노인은 경제적·사회적 어려움을 겪지 않고 살아간다. 몸이 약해지기는 하지만 의료 보장으로 치료나 건강관리가 쉽게 이루어진다. 또한 개개인의 유전자와 관리 정도에 따라 몸이 젊은 사람보다 건강한 노인들도 얼마든지 있다. 이처럼 모두 No人이 되지는 않는다. 계급에 따라, 국가에 따라, 개인에 따라 다르다.

그렇다면 나이가 들면 누구나 진중하고, 번뜩이는 지혜가 있고, 덕성을 가지고 모두에게 인자하여 나잇값을 하는 어르신이 될까? 그렇지 않을 수도 있다. 나이가 그 사람의 품성에 영향을 주는 하나의 요인이 될 수 있을지는 모르지만, 결정적인 요인은 아니다. 타고난 혹은 살면서 얻게 된 습관이나 태도가 나이 들어서도 유지된다는 것이 오히려 합리적인 판단일 수 있다.

오늘날 노인은 어르신이라 불리는 것을 좋아하지 않는다. 이 용어를 들으면 당혹스럽다고 표현하기도 한다. 입을 닫고 지갑을 열어야 어르신이 될 수 있다는 생각이 무의식에 깔려 있는 것이다. 자기 생각과 개성이 있는 사람이 나이 들었다고 입을 닫아야 할 이유는 없다. 나이가 들었다는 이유만으로 왜 지갑을 열어야 하는가?

자신에게 불이익이 있을지라도 인내하고 기다리는 것이 인자한 어르신이라는 시각도 부담스럽다. 어르신은 젊은이들에게 귀감이 되는 지식과 지혜를 갖고 있어야 한다는 시선도 부당할 수 있다. 정보화시대에 급변하는 지식을 어떻게 따라갈 수 있겠는가. 지혜를 갖추라는 것 또한 하나의 굴레로 작용한다.

활동적인 노인, 즉 액티브 시니어 active senior 는 No人이나 어르신의 대안이 되는 용어일 수 있다. 자신의 개성과 욕구를 거리낌

없이 꺼내 놓고 그동안 못다 한 것을 즐기는 활기찬 노년상을 제시하기 때문이다. 하지만 액티브 시니어가 되려면 노후 자금이 넉넉해야 한다. 여행, 등산, 골프 등 취미 및 여가 활동을 할 여유가 있어야 한다. 따라서 소수의 노인만이 액티브 시니어가 될 수 있는 조건을 충족시킬 수 있다.

그렇다면 액티브 시니어로 사는 것이 좋기만 할까? 은퇴 이후 한두 해는 재미있다. 그런데 어느 날 고민이 생긴다. '내가 과연 의미 있는 존재일까?' 직장에 다닐 때는 회사를 키우고, 가족을 먹여 살렸지만, 오늘날 나는 자신만을 위해 살고 있지 않은가. 매일 같은 사람을 만나 과거 얘기만 하는 것도 지루하지 않은가. 인간은 빵, 즉 먹을 것만으로 사는 존재가 아니라 타자와 공동체로부터의 인정, 즉 장미가 필수인 존재인데, 액티브 시니어는 장미를 가지지 못한 존재 아닌가.

선배시민의 새로운 상상[4]

'나는 인간으로서 권리와 권력을 가진 선배시민이다.'

선배시민은 앞서 언급했던 노인이라는 존재에 대한 명칭들, 즉 No人, 어르신, 액티브 시니어와 다른 새로운 관념이다. 선배시민은 '시민권이 당연한 권리임을 자각하고, 시민권을 실현하

---

[4] 『선배시민: 시민으로 당당하게 늙어가기』, 유범상·유해숙, 마북, 2022, 2장 참조.

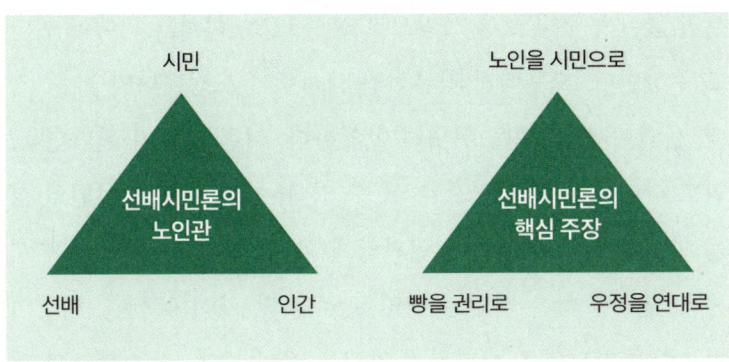

그림 4. 선배시민론

기 위해 공동체에 참여하여 후배시민과 함께 목소리를 내는 노인'이라 정의한다.

   선배시민은 노인을 사람도 아니라는 의미의 No人이 아닌 인간으로 규정한다. 선배시민은 어떠한 상황에서도 생활에 필요한 의식주를 보장받는 권리를 갖는 시민으로 자신을 인식한다. 시민은 권리를 갖고 공동체를 안전하게 만드는 주체로서 돌봄의 대상이 아닌 돌봄의 주체이다. 이런 점에서 액티브 시니어와 달리 공동체의 일에 관여한다. 선배시민은 시민권을 통해 후배시민과 동료 들을 안전하게 한다는 점에서 선배의 역할을 한다. 시민으로서 선배인 이 존재는 시민권을 알고, 이를 관철하기 위해 적극적인 사회참여를 한다는 점에서 지혜를 갖고 훈수를 두는 이미지의 어르신과 다르다.

   노인을 분리이론에 따라 설명했다면, 선배시민은 '선배시민론'에 따라 설명할 수 있다. 선배시민론은 생존에 필수적인 빵의 결핍 없이 누구나 보통 사람으로 살 수 있는 사회가 되어야 한다고 주장한다. 모두에게 기본적인 의식주가 보장된다면 늙음, 장애, 실업이 삶의 질을 위협하지 않는다. 이런 사회가 된다면 노인도 나이든 보통 사람으로 살 수 있다. 어떤 위험도 시민의 삶을 위협하지 않기 때문에 인간답게 살 수 있다. 그런데 이때 생존에 필요한 빵은 시민의 권리로 얻을 수 있어야 한다. 이것이 가능하려면 노인을 시민권과 인권을 지닌 존재, 즉 시민으로 인식해야 한다.

시민에게 필요한 것은 빵만이 아니다. 장미도 있어야 한다. 타자와 공동체에 의미 있고, 필요하며, 인정받는 존재여야 한다. 선배시민론은 노인이 시민의 선배로서 시민권이 권리임을 자각하고, 자신과 후배시민들을 안전하게 하는 사회참여 활동을 해야 한다고 주장한다. 선배시민으로서의 노인은 공동체에 필요한 존재이다. 선배시민은 자기 자식과 가족만을 사랑하는 천륜을 넘어 시민들의 안녕에 관심을 갖고 실천하는 우정의 시민권을 주장하는 존재다. 그는 가족 간의 우정을 시민들의 우정으로 확대하여 연대를 주장한다는 점에서 돌봄의 대상이 아닌 돌봄의 주체가 된다.

선배시민론은 한마디로 노인도 인간이라는 선언이다. 모든 사람이 인간이듯, 노인도 인간이다. 인간은 생각하고 말하고 참여하는 존재이다. 인간은 근대국가에서 시민이 된다. 시민은 자기 목소리로 공동체에 참여하여 자신의 권리와 의무를 다하는 존재이다. 노인은 시민으로서 자기 목소리를 갖고 공동체에 참여하여 이상이 일상이 되도록 상상하라!

책과 함께
나와 공동체를
찾아가는 소풍길

Book Letter

유범상 교수의 쉰여덟 번째 편지 2022.11.30

선배시민의 실천지혜에서 배우다
상처의 치료를 넘어 원인의 제거로

우리는 선배시민의 길을 만든다
유범상·중원노인종합복지관 사회복지사들 지음
마북, 2023

북레터 상상상은 매달 마샘의 추천도서를 직접 받아보시는 정기구독 서비스입니다. 출간 2개월 이내의 신간 중 추천도서를 선정하며, 도서와 함께 유범상 교수의 북리뷰를 드립니다.
(문의: T. 032-423-0990 / e-mail: masambooks@hanmail.net)

www.masambooks.com
21674 인천 남동구 소래역남로16번길 75 B101
T 032 423 0990 F 032 423 0993

1 만남

"상상상"은 '이상이 일상이 되도록 상상하라'라는 말의 줄임말이다. 이상을 먼저 생각하고, 이것이 일상(현실)이 되도록 상상하자는 뜻이다. 실현될 수 없는 이상은 공상에 그칠 수 있다. 따라서 상상상이 의미 있기 위해서는 적극적인 현실변화를 꿈꿔야 한다. 어떻게 이것이 가능할까? '상상마실'이다. '상상마실'은 '상상이 일상이 되도록 마을에서 실천하라'라는 말의 준말로 실천의 상상을 마을 속에서 실행하자는 의미이다.

10여년 전부터 선배시민론을 전개해 왔다. 통상적으로 한국에서 노인은 돌봄의 대상이다. 분리이론에 따르면 노인은 모든 것으로부터 분리된 존재이다. 경제적·심리적·사회적 분리는 노인을 무기력한 사람으로 만들기 때문에 그를 돌봄의 대상으로 삼아야 한다는 것이다. 분리 중에 가장 큰 문제는 경제적 분리이다. 퇴직으로 인해 소득이 없어지면서 그는 생존의 문제에 직면한다.

그런데 복지국가의 노인들은 절대적 빈곤으로부터 자유롭다. 시민이라는 지위로 생존권을 국가가 보장하기 때문이다. 이들은 노후에 자신이 하고 싶은 것, 특히 사회참여 활동에 적극적이다. 필자가 만난 복지국가의 노인들은 노후야말로 공동체 일에 참여하기 딱 좋은 시기라고 했다. 생존을 위한 노동을 하지 않아도 되고, 시간이 많으며, 두려움이 없는 시기이기 때문이라는 것이다. 이들은 모두 마을에서 나이든 보통사람으로 살아가고 있다.

필자는 생존의 빵을 시민권으로 얻고, 자신의 존재의 의미를 공동체 참여로 실현하고 있는 이 존재를 '선배시민'으로 규정한다. 선배시민이라는 존재는 권리를 갖는 시민이고, 시민으로서 공동체 일에 참여하는 선배이며, 의미를 물으며 실존하는 인간이다.

한국에서 시민으로 사는 것이 어떻게 가능할까? 이것이 상상상이었다. 이제 상상마실이 가능할까? 2012년부터 선배시민과 만난 중원노인종합복지관과의 사회복지사들은 상상마실을 실현하였다. 그 과정이 오롯이 담긴 책이 나왔다. <우리는 선배시민의 길을 만든다>(약칭 우선길. 유범상·중원노인복지관 사회복지사들. 마북. 2023)이다.

2 둘러보기

이 책은 노인을 돌봄의 대상인 '늙은이'로 보기를 그치고, 공동체에서 자기 목소리를 내는 '시민'으로서 권리와 권력을 갖는 존재로 보기 시작하면 어떤 일이 벌어지는지를 소상하게 밝히는 책이다:

"[이 책은] 생존과 실존의 삶을 위협받고 있는 노인들의 현실에 주목하며, 노인을 시민으로, 선배로, 그리고 인간으로 보자고 제안한다. 이 존재는 '빵'을 시민권으로, '장미'를 시민권 실현을 위한 사회참여와 그 속에서 만들어진 우정, 즉 연대로 획득한다. 이것을 가능하게 하는 것은 시혜와 자선이 아니라 권리와 연대를 실현하는 실천이다"(<우선길>, p. 12).

관점의 변화는 복지관의 프로그램을 변화시켰고, 이것은 존재를 바꾸었다. 우선 프로그램의 변화에 주목해 보자. 선배시민론에 기반한 실천을 하기 전에 사회복지사는 '우리는 노인들을 케어하기 바빴다'고 말한다:

"노인복지관에서는 돌봄이 필요한 노인을 위한 사례관리, 밑반찬 서비스, 주거환경개선 등 다양한 돌봄 서비스를 제공했고, 상담 또한 세무, 법률 등 외부 상담과 집단 상담 등 내부 상담으로 다양하게 진행했다"(<우선길>, p. 91).

시민의 권리를 주장하고 실천함으로써, 자신의 의무를 다해야 한다. 이 의무를 실천하는 과정에서 그는 공동체의 시민으로서 선배가 된다.

4. 이상을 일상으로: 권리형 실천과 커뮤니티센터

노인, 관심의 변화: 나에서 마을로

선배시민론은 시민권을 기반으로 보편적 복지를 통해 빵의 문제를 해결하고, 사회참여를 통해 장미를 얻는 노인을 상상한다. 이러한 선배시민론을 학습하고 활동에 참여한 노인들에게 어떤 변화가 일어났을까?

노인 대부분의 삶의 중심은 나와 가족이다. 그러나 선배시민은 국가에 속해 있는 국민을 사회적 가족이라 보고, 자신이 시민

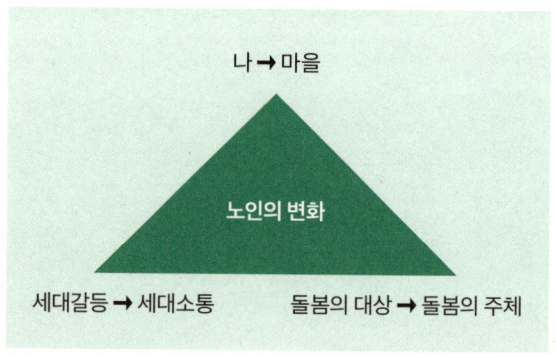

그림 5. 노인의 변화

으로서 생존과 안전을 요구할 권리를 갖는다고 본다. 가족에서 마을과 국가로 관심이 전환된다. 선배시민은 '내 아이가 안전하려면 남의 아이가 잘 성장해야 한다'고, '내 아이가 잘 성장하려면 가족을 넘어 마을과 국가가 아이를 양육할 책임을 져야 한다'고 생각한다.

　선배시민은 세대갈등 문제가 시민권 결핍으로 인해 발생한다고 인식한다. 치열한 입시·취업 경쟁으로 생존에 위협을 느낀 청년세대는 노인들의 사회보장을 비판할 수 있다. 자신들의 몫이 노인에게 가고 있다고 보기 때문이다. 하지만 청년들의 삶이 시민권으로 인해 안전하게 보장될 수 있고 시민권을 권리로 인식한다면, 이들은 노인들의 몫도 시민권으로 보장해야 함을 이해할 것이다. 따라서 노인이나 청년 들은 모두 시민권의 결핍에 맞서 싸워야 할 동료이다. 이런 점에서 세대갈등은 시민권의 획득으로 해결해야 할 문제이고, 이를 위해 시민으로서 서로 소통해야 한다. 세대갈등은 세대소통으로 전환될 수 있다.

　선배시민 교육에 참여한 노인들은 후배시민들의 현실적인 상황을 이해하려고 한다. 그들도 자신들과 마찬가지로 시민권 교육을 제대로 받지 못했다는 것을 이해하게 되었다고 말한다. 지금의 청소년과 청년 들은 시민권 이론보다는 '메리토크라시 meritocracy'라는, 능력을 기반으로 자신의 몫을 찾아야 한다는 능력주의를 배운다. 이것은 '가난은 나라도 구하지 못한다'는 노인들의 기존 신념과 크게 다르지 않다. 따라서 노인과 청소년은 모두 국가가 아닌 개인이나 가족 농사로 문제의 원인을 해결해야 한다고 생각한다. 달리 말하면 노인과 청소년은 시민권을 권리라고 배우지 않았고 시민권 결핍으로 어려움에 처해 있다.

선배시민 교육과 학습에 참여한 노인들은 말한다. "왜 이제야 이런 이야기를 해줬어. 좀 더 일찍 해줬으면, 가족 농사만이 아니라 국가 농사도 잘 지으려고 했을 텐데!" 그리고 선배시민 프로그램을 통해 마을 일에 참여하면서 말한다. "우리가 이렇게 할 일이 많은 존재인지 몰랐어!" 이렇게 노인들은 돌봄의 대상에서 공동체를 돌보는 주체가 될 수 있다는 확신을 갖는다.

사회복지사, 관점의 변화: 노인에서 시민으로

노인들의 변화는 사회복지사들을 변화하게 만들고, 사회복지사가 변해야 노인들이 바뀐다. 선배시민 교육에 참여하며 노인들이 시민으로 변화하는 것을 보게 된 사회복지사들은 말한다. "이제 그들을 돌봐드려야 하는 대상이 아니라 스스로 생각

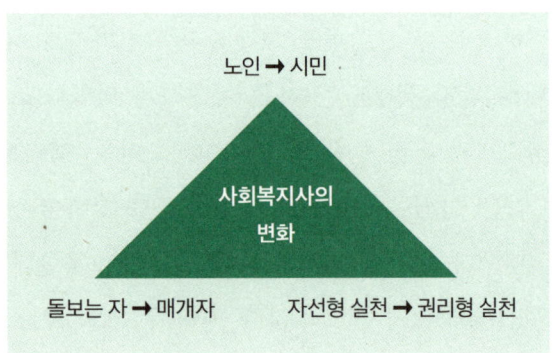

그림 6. 사회복지사의 변화

하고 실천할 수 있는 주체적인 존재로 인식하게 되었어요. 그들은 노인이 아니라 시민이에요!" 사회복지사들은 자신들이 만나는 대상을 노인이기 이전에 시민으로 보게 된 것이 선배시민 교육으로 인한 가장 큰 변화라고 말한다. 복지관의 간호사가 말한다. "전에는 어려운 노인을 돕는다는 생각을 했는데, 이제는 내가 하는 일이 시민의 건강권을 지키는 일이라는 생각을 하게 되었어요." 이러한 시선의 변화는 프로그램의 변화를 만든다. 노인은 결핍이 많고 어린애 같은 돌봄의 대상이었는데, 이제는 문제의 해결과 프로그램의 구성을 위해 토론과 협의를 하는 파트너가 된 것이다.

사회복지사가 노인을 있는 그대로의 존재, 즉 시민과 인간이라 이해하면서 자신의 정체성에도 변화가 찾아온다. 자신을 돌보는 자carer가 아닌, 노인과 함께 현안을 논의하고 지역문제를 해결하는 역할을 하는 매개자mediator라고 인식한다.

매개자로서의 사회복지사는 어떤 능력이 가장 필요할까? 돌보는 자에게 필요한 능력은 사회서비스 전달 능력이다. 필요한 자원과 물품을 적재적소에 잘 전달하면 된다. 산타클로스 할아버지와 같은 역할을 하는 것이다. 하지만 매개자에게는 어젠다를 제시하고 토론하고 함께 해결 방법을 찾는 능력이 필요하다. 이때 필수인 것이 대화 능력이다. 시민권을 학습하고, 시민권을 가진 주체들이 공동체를 안전하게 변화시키는 과정에서 사회복지사의 대화 능력이 결정적인 역할을 하기 때문이다. 예를 들어 선배시민들이 권리형 실천을 하기 위해 시민권을 다룬 인형극을 기획한다고 해보자. 선배시민들은 인형극을 후배시민과 동료시민 들을 상대로 공연하고, 이 공연을 통해 참여자들이 시민권을 자각하고 토론할 수 있도록 하는 것을 목표로 삼는다. 이를 위해 사회복지사는 인형극에 참여하는 노인들과 시나리오 준비에서부터 공연과 이후 모임에서까지 끊임없이 토론해야 한다.

사회복지관, 역할의 변화: 케어센터에서 커뮤니티센터로

사회복지사의 변화는 사회복지관의 변화로 이어진다. 사회복지관의 역할은 무엇일까? 어떤 것을 목표로 실천해야 할까? 사회복지관의 정체성에 대한 물음이다. 선배시민론은 복지관에 오거나 집에 있는 노인을 도움을 줘야 하는 결핍이 있는 고객, 클라이언트로 보지 않는다. 이들은 자신들의 권리를 지닌 존재이며, 이 권리에 대해 모여서 토론하고, 지역사회 참여를 통해 요구하고 관철하는 존재라고 본다. 따라서 사회복지관은 시민

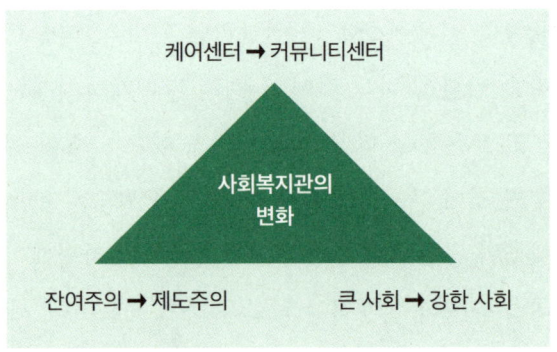

그림 7. 사회복지관의 변화

들이 회합하는 장소이며, 이 속에서 공동체의 일을 논의하고 실천하는 거점 센터이다. 그러므로 사회복지관은 케어센터가 아닌 커뮤니티센터가 되어야 한다.

커뮤니티센터가 된다는 것은 무엇을 의미할까? 노인복지관은 노인들이 모이는 장소다. 이들은 집을 나와 클라이언트로서 복지관에 오지만, 돌아갈 때는 시민으로서 자신을 인식하고 그 역할을 하려고 지역으로 들어간다. 이때 복지관의 역할은 클라이언트를 시민으로 대하고, 이들이 시민으로 자각하고 지역으로 들어가도록 돕는 것이다. 이를 위해 사례관리 서비스 제공과 돌봄 프로그램이 아니라 사회관리를 할 수 있도록 시민으로 자각하고 지역사회를 변화시키는 프로그램을 제공해야 한다. 이 프로그램에는 노인들만 있는 것이 아니다. 지역의 주민, 즉 노인을 포함한 모든 주체가 참여할 수 있어야 한다. 합창단을 만든다면, 종전의 노인들만 참여하는 프로그램에서 나아가 지역주민에게 개방하고 대학이나 중·고등학교의 합창단과 연계할 수 있다. 또한 합창단을 만들고 운영하는 과정이 토론을 통해 민주적으로 이루어져야 한다. 곡 선택과 공연 등도 모두 시민성을 높이는 방향으로 운영되어야 한다.

커뮤니티센터로서의 노인복지관에는 노인만이 아니라 여러 세대의 지역주민이 온다. 이들과 노인이 함께 지역 문제에 대해 논의하고 토론하는 공간이 커뮤니티센터이다. 노인들도 복지관에만 머무는 것이 아니라 지역의 다양한 공간과 프로그램에 참여해야 한다. 선배시민론을 학습한 노인들은 마을 만들기, 주민

참여 예산제, 주민자치회, 협동조합, 학교 등에 참여할 수 있다.

선배시민론의 관점에서 볼 때, 사회복지관은 시민들의 회합의 장소이다. 이때 토론거리는 지역사회의 현안이고, 이를 해결하기 위한 방법을 모색하는 곳이 사회복지관이다. 이것은 사회복지관이 취약한 사람들이 서비스를 제공받는 곳이 아니라, 시민들이 모여 자신과 이웃의 권리의 결핍을 이야기하고 이를 바꾸기 위해 권리에 대해 학습하며, 시민력을 키우는 장소임을 뜻한다. 즉, 잔여주의에서 제도주의로 관점을 달리해 사회복지를 실천하는 장소인 것이다. 이때 사회복지관은 도처에서 시민들이 토론하는 복지국가의 거점이 된다. 이러한 토론의 광장은 시장의 폭력과 국가의 무능은 방치한 채 시민들이 스스로를 책임져야 한다는 '큰 사회big society'에 반대한다. 대신 누구나 빵과 장미를 가진 시민이라는 것을 자각하고 요구하는 '강한 사회strong society'를 지향한다.

사회복지, 권리의 실천과 새로운 변화: 학습동아리와 민주주의 실험실

이상이 일상이 되는 상상을 현실로 만드는 것이 바로 사회복지관의 실천이다. 이상은 노인을 시민으로 인식하고, 이들이 공동체의 주체로서 권리를 실현하기 위해 행동하는 것이다. 이 과정에서 노인들 스스로가 시민권을 요구하고 행사할 의무가 있는 존재라는 것을 깨닫고 실천에 나선다. 이때 사회복지사는

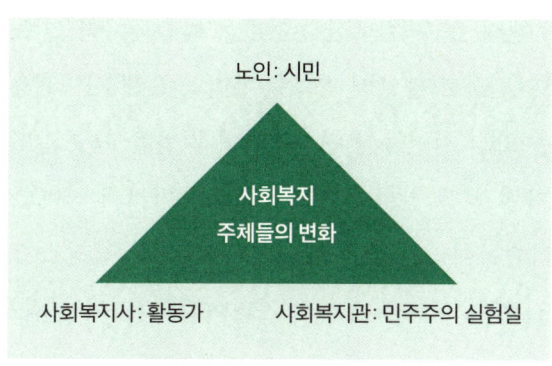

그림 8. 사회복지 주체들의 변화

서비스 전달자가 아니라 선배시민들과 함께 지역사회를 변화시키는 활동가가 된다. 활동가는 가치를 지향하는 실천가다. 그렇다면 이런 일이 어떻게 일어나고 또 지속될 수 있을까? 그 해답은 시민 교육과 학습동아리, 그리고 권리형 실천에 있다.

시민 교육은 강의실에서 학습을 통해 이루어지기도 하지만, 실천 프로그램으로도 가능하다. 강의와 토론으로 시민성에 대해 자각하는 교육이 강의실에서 이루어진다면, 프로그램에 참여하면서 자연스럽게 시민성을 익힐 수도 있다. 건강관리 동아리에 참여했는데, 그 동아리가 개인의 건강에서 나아가 사회의 건강도 챙기자며 사회체육시설을 관리하기 시작했다면, 이 프로그램에는 시민권에 대한 내용이 담겨 있는 셈이다. 이처럼 배우는 것學만이 아니라 익히는 것習을 복지관의 프로그램에 녹여낼 수 있다.

강의와 프로그램을 통해 이뤄진 학습은 학습동아리를 통해 계속되어야 한다. 북유럽의 민주주의는 '학습동아리 민주주의study circle democracy'라고 불린다. 학습동아리를 통해 시민권을 이해하고 토론을 익힌 시민들이 민주주의의 기반을 이루고 있기 때문이다. 북유럽 성인 인구의 70%가 학습동아리에 참여한다. 이런 점에서 학습동아리는 최소 단위의 시민권 학습 장소이고, 시민권 실천을 위한 토론과 평가의 자리이다. 따라서 사회복지관의 직원들은 일상적으로 함께 배우고 토론할 수 있는 학습동아리를 만들 필요가 있다. 학습동아리에서는 학습과 프로그램에 대한 고민과 토론이 이어져야 한다. 학습동아리는 그 자체로 시민들이 상대를 고유성을 지닌 존재로 인식하고 이해하는 민주주의의 요람이다.

이 책이 한국 사회복지관의 이상으로 삼는 것은 영국의 '토인비 홀Toynbee Hall'이다. 토인비 홀은 사회과학의 실험실로 평가받는다. 이곳에서 사회과학의 많은 생각과 실험이 진행되었다. 또한 이곳의 사회복지사는 영국 수상, 학자, 그리고 지역 운동가와 노동조합 지도자가 되었다. 토인비 홀은 지역주민이 머무는 도서관, 지역조사 연구소, 지역 변화의 거점이 되었다. 노인을 시민으로 보고, 이들이 선배로서 지역사회의 실천가로 나설 때, 한국의 사회복지관은 민주주의의 실험실이 될 수 있다.

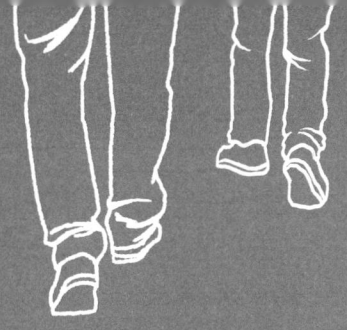

2장
선배시민을 만나기까지의 고민
서재순 전수희

어느 날 선배시민 교육을 하고 있는데, 강의 중간에
의자를 뻥 차고 벌떡 일어나는 어르신이 있었습니다.
"이런 교육을 우리한테 들으라는 거야?"라며 교육실을
나가려고 하는 걸 붙잡았습니다. 그리고 8강까지
교육을 들어주길 간곡히 부탁했습니다.

1. 외로운 노인들, 고립된 노인복지관

화려한 거리의 섬

"지금 가고 있는데, 술집만 나와요.
내비게이션이 잘못 가르쳐준 것 같아요."
"아니에요. 내비게이션대로 오시면 됩니다.
거의 다 오신 것 같아요."

우리 복지관을 처음 찾는 사람들이 흔히 하는 질문이다. 이런 유흥가에 노인복지관이 있을 것이라고 예상하는 사람은 흔치 않다.

수도권 전철 분당선과 8호선의 환승역인 모란역. 그 주변은 8차선 도로를 중심으로 한쪽에는 모란 오거리가, 다른 한쪽에는 전통시장이 위치한다. 모란의 본 모습은 해가 진 뒤 비로소 나타난다. 전통시장 쪽은 어둠에 휩싸이는 반면, 모란 오거리는 낮보다 훨씬 많은 사람들로 불야성을 이룬다. 네온사인이 화려한 건물에는 사람들이 빽빽이 들어차 있다. 활기는 날이 밝을 때까지 계속된다. 화려한 밤이 지나면 모란은 잠시 고요하다. 이른 아침, 인근 주민들은 모란역을 향해 발걸음을 재촉한다. 출퇴근길에 복지관과 잠시 마주하지만 눈길을 줄 새는 없다.

모란을 지나다니며 복지관에 관심을 가지는 때가 가끔 있다. 우선 복지관에서 운영하는 공영주차장을 이용할 때다. 주차비가 저렴하고, 유흥가 사이에서 차를 안전하게 맡길 수 있는 곳이기 때문이다. 복지관 앞은 술집에서 나와 친구들과 마음 편하게 흡연할 수 있는 장소이기도 하다. 다세대 주택과 유흥가가 공존하는 구역 특성상 술집 앞에서의 흡연은 주민들의 원망을 듣기 일쑤이기 때문이다.

중원노인종합복지관은 성남시가 지역 노인의 여가시설 확충을 위해 2003년부터 총 사업비 161억 원을 들여 중원구 성남동에 지었다. 당시 중원구에는 노인복지관이 없던 데다, 언덕이 많은 성남의 다른 지역과 달리 평지에 위치하고 교통이 편리해 중원노인종합복지관에 거는 기대가 컸을 것이다.

모란은 서울·경기권에 사는 60대가 많이 방문하는 곳으로 지하철과 광역버스, 시외버스와 시내버스가 모두 지나는 교통 요충지이다. 특히 5일 간격으로 열리는 전통시장은 60대 이상이 저렴한 비용으로 여가를 즐기기에 안성맞춤이다. 이러한 모란에 노인복지관이 지어진 것은 어찌 보면 당연했다. 더욱이 모란은 중원구와 수정구, 분당구의 접점으로 접근이 용이하다. 복지관 이용자의 절반 정도가 수정구와 분당구 거주자인 것이 이를 뒷받침한다.

2007년 완공된 중원노인종합복지관 건물은 성남동 행정복지센터(구 성남동 동사무소)와 함께 사용하다가 2019년 행정복지센터가 이전하면서 단독으로 사용하게 되었다. 복지관 직원과 노인 들은 더욱 쾌적해진 복지관에서 더 많은 서비스를 누릴 수 있을 것이라 기대했다. 그러나 노인복지관을 이용하지 않는 주민들에게는 남의 이야기일 뿐이었다. 노인만 이용하는 건물은 주민들에게 없는 것이나 마찬가지였을 것이다.

안에선 청년, 밖에선 노인

주민들의 무관심과는 다르게 아침 일찍부터 복지관을 찾는 사람들이 있다. 어떤 사람들은 천천히, 어떤 사람들은 잰걸음으로 모란 오거리를 지나 4층짜리 노란 건물로 향한다. 아직 9시도 되지 않았지만 벌써 정문 앞에 줄은 선 이들이 있다. 위아래로 스포츠웨어를 빼 입은 사람, 묵직한 가방을 멘 사람, 전동카를 타고 온 사람…. 9시에 정문이 열리면 하나같이 바쁜 걸음으로 복지관에 들어간다. 중원노인종합복지관 회원들이다.

복지관 지하 1층 식당부터 4층 프로그램실까지 각자의 이유로 모두 분주하다. 1층 사무실 직원들은 노인들의 끊임없는 질문과 마주한다. 쉴 새 없이 울려대는 전화 및 방문 문의에 정신이 없다.

"회원 가입하려면 어떻게 해야 하나?"

"중국어 수업을 듣고 싶은데….."
"일자리를 알아보고 싶은데….."
"문자가 왔는데, 담당자 연결 부탁해요."

사무실에 방문한 노인들의 목소리는 활기차다. 배우고 싶은 것, 하고 싶은 것, 물어봐야 할 것이 많다. 하고 싶은 것을 찾았을 때, 혹은 그것을 하고 있을 때 노인들은 청년이 된다. 2층에서 당구와 탁구를 즐기는 노인들은 노인이 아니다. 반짝이는 눈동자와 빠른 발놀림, 유연한 몸동작은 20대 사회복지사들이 "저도 아버님처럼은 못 해요"라며 혀를 내두를 정도다. 오전에는 탁구, 오후에는 당구를 즐기고 틈틈이 요가 수업과 인문학 수업을 수강하는 분들을 보면 저 열정과 에너지는 어디에서 오는 것일까 궁금하기도 하다. 2층 자율프로그램실과 3~4층 강의실에서 매주 60여 개의 평생교육 강좌가 진행되고, 상담, 자원봉사, 사회참여, 인문학, 자조모임 등의 활동이 끊임없이 이어지는 걸 보면, 얼마나 많은 성남지역 노인이 복지관을 방문하며 활력 있는 생활을 하고 있는지 가늠할 수 있을 것이다.

그러나 외부의 시선은 어떨까? 국어사전에서 '노인'이라는 단어를 찾아보면, '나이가 들어 늙은 사람'이라고 풀이된다. '늙었다'라는 형용사가 우리에게 주는 인상은 긍정적이지 않다. 늙는다는 것은 자연스러운 상태이지만, 늙었다는 것 혹은 늙은 사람에게 느끼는 감정은 다음과 같이 부정적이다.

> 죽음, 무례, 이기적, 권위주의적, 도움 필요, 무능력, 사회적 부담, 자식에 의존적, 외로움, 죽을 사람, 꼰대, 갑질, 불평 가득한 욕심쟁이, 틀딱, 민폐 끼치는 삶, 사고 유발자, 태극기부대, 답답한, 안타까운, 부담스러운, 불결한, 퇴물
> ― 「혐로嫌老사회 : 뉴스 댓글에 나타난 노인인식과 공공PR의 과제」(신경아·최윤형, 2020)

이러한 모습으로 대변되는 이미지가 노인들의 청년 같은 모습을 가리고 있는 것은 아닐까?

> 내 나이가 어때서/ 사랑에 나이가 있나요/ 마음은 하나요 느낌도 하나요/ 그대만이 정말 내 사랑인데/ 눈물이 나네요 내 나이가 어때서/ 사랑하기 딱 좋은 나인데/ 어느 날 우연히 거울 속에 비춰진/ 내 모습을 바라보면서 세월아 비켜라/ 내 나이가 어때서 사랑하기 딱 좋은 나인데

십여 년 전 선풍적인 인기를 끌었던 노래 〈내 나이가 어때서〉의 일부이다. 나이가 들어서도 사랑하고 싶고, 사랑할 수 있다는 내용을 담은 이 곡이 인기를 끈 것은 멜로디가 좋아서만은 아닐 것이다. 등산길 한 중년 여성의 '내 나이가 어때서'라는 질문에서 시작된 이 가사가 많은 공감을 이끌어낸 이유는 '내 나이가 어때서'라고 묻고 싶은 이들이 많다는 뜻이리라. 물리적으로는 나이가 들었어도 아직 젊고, 하고 싶은 것이 많다는 이야기를 이 유행가 가사를 통해 많은 중장년, 노인 들이 하고 싶었던 것은

아니었을까.

　이와 같이 노인의 청춘 같은 마음을 잘 읽고 표현할 수 있도록 내어준 공간이 '노인복지관'이기에, 노인들은 노인복지관에서 마음껏 표현하며 에너지를 발산한다. 선수 못지않은 탁구 실력으로, 한껏 꾸민 옷차림으로, 한 자라도 더 배우고 싶은 학구열로 복지관을 가득 채운다. 거기에 "어르신 오늘 뭐 좋은 일 있으세요?", "어르신 염색하셨어요? 정말 멋지세요.", "어르신 노래 실력 짱이세요!" 같은 격려의 말이 보태지면 노인들은 그 어떤 청년보다 당당하고 호탕한 모습이 된다.

　복지관 안에서 노인들은 스포츠 선수로, 학생으로, 복지관 회원을 돌보거나 경로식당 배식을 돕는 활력 있는 주체로 자신의 역할을 다한다. 그런데 놀랍게도 복지관 문을 나서는 순간, 노인들의 활기 넘치고 의욕 가득한 모습은 엷어진다. 사회에서 지칭하는 '어르신'이라는 점잖은 단어에 갇힌 듯 말이다.

　우리 복지관은 그런 노인의 모습에 의문을 갖기 시작했다.

> '복지관 안과 밖에서 노인의 모습은 왜 다를까?'
> '복지관에서의 노인들의 모습을 지역사회에 알리면, 노인을 대하는 사회의 태도가 나아질까?'
> '그러려면 우리 복지관이 지역사회와 함께해야 하지 않을까?'

이러한 물음이 중원노인종합복지관 변화의 시작이었다.

2. 열린 광장을 향한 대답 없는 열망

우리들의 첫 도전: 열린중원문화광장 사업

마을 만들기라는 이름으로

중원노인종합복지관 앞 조그마한 광장은 화단의 푸른 나무와 의자가 있어 누구나 거닐고 쉬었다 갈 수 있는 주민의 휴식 공간으로 만들어졌다.

하지만 광장은 휴식 공간보다는 삼삼오오 모여 술판을 벌이는 장소로 이용되기 일쑤였다. 바닥에는 먹다 남은 음식과 술병이 나뒹굴었고, 술 취한 사람끼리 욕설을 주고받다 싸움이 나기도 했다. 그러면 복지관 남자 직원들은 싸움을 말리다 다치기도 했고, 순찰차가 출동해야 끝이 나는 경우도 있었다. 중원노인종합복지관의 광장은 성남동 성호지구대에겐 주민의 안전을 위해 오전, 오후 순찰해야 하는 집중 단속 지역이었고, 아이들에게는 위험한 장소로 인식되었다.

지역주민들이 노인들의 모습을 긍정적으로 받아들이게 하기 위한 노력에 앞서, 복지관이 주민과 단절된 곳이 아니라 소통의 공간으로 인식될 필요가 있었다.

> 노인이 사회의 일원으로서, 당당한 시민으로서 자리할 수 있는, 자기 역할을 하면서 그 역할 속에서 행복할 수 있는 기회를 만들어주고 싶었습니다.

고상진 당시 관장은 2012년 취임 직후 중원노인종합복지관 사업의 새 패러다임을 제시했다. 노인이 사회의 일원으로서, 당당한 시민으로서 자리 잡기 위해 먼저 복지관이 마을의 온전한 주체로 함께할 수 있는 역할이 필요했다. 지역주민이 위험한 장소라고 여기는 광장을 본래 목적인 주민의 휴식 공간으로 변화시키고자 했다. 이를 통해 자연스럽게 노인들도 지역사회 속 역할을 찾을 수 있기를 기대했다.

광장을 활용하여 지역주민이 참여할 수 있는 사업을 구상하고 지자체와 논의한 끝에 '열린중원문화광장'이라는 이름으로 시민 문화 광장을 열었다. 열린중원문화광장은 지역주민에게 다채로운 문화를 접할 수 있는 기회를 제공함으로써 문화적 소외감을 해소하고, 지역사회와의 소통의 장이 되려는 목적으로 시작되었다. 2012년 7월 7일 복지관 마당에서는 '열린중원문화광장'의 현판 제막식과 더불어 성남문화재단, 청소년육성재단과 문화 협약을 체결하고 영화를 상영하는 등 떠들썩한 기념행사가 열렸다. 정기적으로 시민들이 참여할 수 있는 문화 체험 행사를 열어 공연·전시 공간으로 거듭날 것을 알렸다.

그렇게 열린중원문화광장 사업은 지역주민에게 복지관 광장을 개방하고 여가 생활을 즐길 수 있는 공간으로의 변화를 시도했으며, 주민이 함께하는 사업으로 다년간 진행되었다. 사업을 진행하면서 복지관을 방문하는 주민들이 이전보다 늘긴 했지만 적극적인 참여를 이끌어내기에는 어려움이 있었다. 주민들은 여전히 열린중원문화광장 사업을 마을 사업이 아닌 복지관 사업으로 바라볼 뿐이었다.

복지관만의 사업이 아닌 주민의 의견을 반영하고 주민이 동참하는 마을 사업으로 변화가 필요했다. 이와 같은 문제의식으로 2017년에는 주민조직화를 위한 조사를 다각도로 벌이기도 했다. 커뮤니티 전문가를 만나 사업 현황과 문제점을 이야기하고, 지역주민과 복지관 회원으로부터 광장에 대한 의견을 들었다.

다년간 사업을 진행했음에도 불구하고 광장에 관심이 없거나 지역주민에게 공간을 개방하는 것에 부정적인 회원도 있었다. 물론 본인의 욕구에 부합하는 공간으로 활용되는 것에 긍정적이고 열린중원문화광장 사업에 대한 관심과 희망 사항이 있는 회원도 있었다. 복지관 광장이 위험 구역이었던 만큼 아이들이 놀 수 있는 공간으로의 변화에 대한 욕구가 많았다. 상인들은 상권에 영향을 미칠까 우려하여 지속적인 벼룩시장은 반대했지만, 후원에는 긍정적인 경우도 있었다.

이처럼 다양한 입장과 의견을 지속적으로 수렴하기 위해서는 지역주민과 이용 회원이 소통할 수 있는 체계가 필요했다. 지역에 관심이 있는 주민과 회원을 모아 추진위원단을 구성했다. 초기 사업에 대한 평가와 의견을 나누기 위해 정기 모임을 계획했지만 일면식도 없던 사람들과 한 달에 한 번씩 만나는 것은 쉽지 않았다. 상가 밀집 지역에서 자영업을 하고 있는 주민이 대부분이라 바쁜 시간을 쪼개어 정기적인 모임에 참석하는 것이 쉽지 않았다.

열린중원문화광장 사업은 지속되었다. 벼룩시장을 열어 물건들을 싼값에 판매했다. 지역의 공방 등을 대상으로 누구나 신청만 하면 판매자로 참여할 수 있도록 했다. 지역기관이나 학원 등이 홍보를 하고, 장기를 자랑하고 싶은 사람들이 남녀노소를 불문하고 버스킹을 할 수 있도록 했다. 복지관 회원은 봉사활동을 신청해 벼룩시장 판매를 돕고 캐리커처 그리기나 가훈 써주기 등의 재능기부 프로그램도 진행하며 복지관 앞 작은 광장에서 주민들과의 소통을 이어갔다.

열린중원문화광장이 열린 어느 날

[행사 전날]

열린중원문화광장이 열리기 전날인 금요일. 담당자는 아침부터 바쁘게 움직여야 한다. 이번 회차 TF팀에게 분장된 업무를 안내하고, 홈페이지에서 신청이 접수된 버스킹이며 벼룩시장 참여자를 마지막으로 점검한다.

벼룩시장 신청자가 적거나 버스킹 희망자가 없으면 큰일이다. 참여자가 적으면 휑해 보이고 재미없는 행사가 된다. 재미없는 행사에 주민이 찾을 리 만무하다. 담당자는 발을 동동 구르며 지인의 지인까지 설득하는 등 갖가지 방법을 다 동원해야 한다.

※ 직원 협조 공지
금주 열린중원문화광장에 참여자 신청을 긴급히 받습니다. 주변 지인 및 봉사자, 후원자 분들에게 벼룩시장 및 버스킹에 대해 안내 후 신청 문의가 있을 경우 공유폴더에 신청자 성함과 연락처를 작성해주시기 바랍니다.

다음은 복지관 후원 창고를 점검한다. 평일 내내 벼룩시장 물품을 확보하기 위해 제안서도 보내고 복지관의 모든 인적 자원을 동원하기도 한다. 그렇게 확보한 후원 물품을 열린중원문화광장 벼룩시장에서 싼값에 판 수익금은 후원금이 된다.

복지관 업무가 어느 정도 마무리되는 오후 5시쯤 사회복무요원과 남자 직원들이 층별로 다니며 창고에 있는 물품들을 건물 로비로 옮긴다. 물건이 많을 때는 몸집보다 큰 박스가 몇십 개씩 되는데, 후원 물품이 많을수록 벼룩시장은 풍성하다. 물건들은 다음 날인 토요일 아침 광장으로 나갈 수 있도록 진열 순서에 따라 배치해둔다.

벼룩시장에서는 다양한 물건과 풍성한 볼거리도 중요하지만, 다양한 욕구를 해결할 거리들도 필요하다. 허기진 배를 채울 수 있는 먹거리 부스도 빠질 수 없다. 누구나 좋아할 만한 떡볶이와 어묵을 기본으로 하고 핫도그, 야채버거, 감자튀김, 달고나, 팝콘, 슬러시 등 많은 먹거리를 만든다.

아이들이 놀 수 있는 장소가 되었으면 좋겠다는 주민의 바람을 실현할 수 있는 아이템도 필요하다. 키즈카페 컨셉으로 1층 강당에 어린이 놀이터를 만들어 정글짐을 조립하고 수백 개의 공을 일일이 세척해 볼풀장을 만들었다. 장난감은 성남육아종합지원센터를 연계해 대여받았고 자원봉사센터를 통해 놀이봉사자를 모집했다. 육아에서 해방되고 싶은 부모의 마음과 마음껏 놀고 싶은 아이들의 욕구를 충족시켜 복지관이 편안하고 재미있는 곳으로 인식된다면, 자연스럽게 복지관을 찾게 되지 않을까 하는 생각에서 나온 아이디어다.

마지막으로 벼룩시장과 버스킹 참여자들이 사용할 테이블, 의자, 무대, 음향 등을 준비하고 먹거리를 이용할 수 있는 쿠폰 등을 만들면 행사 준비는 마무리가 된다.

[행사 당일 아침]

아침 9시. 이제 시작이다. 직원들은 출근하자마자 전날 전달된 업무대로 움직인다. 벼룩시장팀은 햇빛을 가릴 캐노피를 펴고 로비의 물건들을 광장에 배치도대로 가져다 둔다. 인근 지하상가에서 후원받은 철제 행거에 후원받은 옷가지들을 색깔별로 진열한다. 구겨진 옷은 스팀다리미로 다려 행거에 건다. 벼룩시장 신청자가 오면 명단을 확인해 자리를 안내하고 준비한 물과 쿠폰을 전달하며 오늘도 수고해달라는 말과 함께 눈웃음으로 응대한다.

버스킹팀은 간이 무대를 설치하고 '열린중원문화광장'이라고

쓴 커다란 현수막을 설치하며, 기본 음향 장비와 신청자의 종목에 따라 필요한 장비를 세팅한다. 무대가 어느 정도 준비되면 신청자에게 공연 시간 확인차 다시 한번 연락을 하고 음악을 잔잔하게 틀어둔다.

어린이 놀이터팀은 자원봉사자에게 미리 안전 교육을 하고, 어린이 놀이터 운영 목적, 진행 절차 등을 안내하며, 안전하고 즐겁게 아이들과 놀아줄 것을 당부한다. 혹시 모르는 사태에 대비하기 위해 입장하는 아이들의 명단과 부모의 연락처는 반드시 받아둔다.

[행사 개막]

모든 준비는 끝났고 이제 주민을 맞이하면 된다. 어른들에게는 벼룩시장과 공연 시간을 안내하고, 동반 어린이가 있다면 놀이터로 안내하면 된다. 아이들은 놀이터에서 자원봉사자들과 신나게 놀고 부모들은 명단에 연락처를 적은 후 벼룩시장을 구경하며 아이가 찾을 때까지 야외 테이블에 앉아 음료를 마시며 즐기면 된다. 노인, 젊은 부부, 아이, 지역 청년, 상인이 함께 공연도 구경하고 벼룩시장에도 참여하는 성공적인 행사를 기대하며 주민을 기다린다.

하지만 상황은 녹록치 않았다. 회차가 거듭되어도 방문객은 늘지 않았다. 방문객이 늘지 않으니 광장에는 물건만 가득했고 판매자들은 지쳐갔으며 관객 없는 공연을 하는 경우도 있었다.

임시방편으로 직원들은 1인 다역을 맡아야만 했다. 복지관 주변을 돌며 행사를 홍보했고, 벼룩시장에 참여했던 판매자에게 다시 연락해 광장에 대한 의견을 물으며 조심스레 재방문 의사를 타진하기도 했다. 없는 손님을 대신해 물건을 구경하고 판매자와 수다를 떨며 물건을 구입하기도 했다.

방문객이 늘지 않자 벼룩시장에 신청하는 판매자도 줄어들었다. 광장을 채울 수 있는 또 다른 아이템을 구상해야 했다. 테마별 체험존, 어린이 수영장, 거품 놀이, 환경 가꾸기, 화분 심기, 푸드 트럭, 노천카페 등 수많은 시도를 하며 주민들이 복지관에 찾아오기를 목을 빼고 기다렸다.

마을 만들기 속 사회복지사

노인이 본 사회복지사

김서춘 어르신은 개관 때부터 중원노인종합복지관을 집처럼 자주, 오래 다닌 복지관 단골 회원이다.

사회복지사에게 '아가씨', '이봐' 같은 호칭이 아니라 늘 '복지사 선생님'이라고 칭하며 칭찬을 아끼지 않았던 김서춘 어르신은 노인봉사단에 참여하며 신입회원에게 복지관에 대한 정보를 전달하기도 했고, 경로식당 식권 발급을 보조하며, 회원 문의에 응대하는 역할까지 기꺼이 맡으며 오랫동안 함께했다. 열린중원문화광장 사업을 시작할 때에도 김서춘 어르신에게 벼룩시장 판매를 도와주십사 봉사를 요청했다. 열린중원문화광장 행사의 시작부터 끝까지 함께했다.

"그때를 생각하면 그립고 좋았었지. 누구나 활발하게 참여하고 이웃들과 함께 그 광장에서 즐거운 시간을 보냈던 것 같아."

"나름대로 복지사들이 애쓰는 것 같았어. 그래서 회원들에게 며느리를 얻으려면 복지사를 얻으라고 말했지. 내 자식들도 그렇게 순종하고 위로하고 투정을 받아주기 힘들 텐데 말이야. 내가 옆에서 들어봐도 화가 나는 사람이 있는데, 복지사들은 싫은 내색을 하지 않더라고…. 항상 친절하고, 그래서 뭐든 도와주고 싶었어."

어르신의 기억 속 열린중원문화광장은 주민들이 복지관을 찾고 아이들이 뛰어놀았으며 다양한 사람들이 함께 이야기 나누었던 즐거운 사업이었다.

어르신 눈에는 즐거워 보이는 주민뿐만 아니라 행사 진행을 위해 고군분투하는 사회복지사도 보였다. 사회복지사는 늘 바빴고, 행사가 있을 때면 무거운 물건을 직접 나르는 등 힘들어 보일 때가 많았다고 했다. 그럼에도 불구하고 매사에 성실하고 열심히 노력하며 노인들에게 상냥하고 친절했다. 봉사를 하면서 복지관에 대해 잘 알게 되기도 했고 사회복지사와도 가까워져서였을까. 어르신은 사회복지사가 걱정되었고 도움이 되고 싶었다고 했다.

무거운 의자를 옮기고 더울 때나 추울 때나 뒤처리를 하는 게 힘들어 보였지. 한번은 복지사에게 저녁 8시쯤 전화가 왔는데, 늦게까지 퇴근도 못 하고 일하는 게 안타까웠어. 행사를 도우면서 보람도 느꼈지만, 복지사들이 고생하는 모습을 가까이서 보고 있자니 안쓰럽기도 했어. 복지관이 내 집 같았지. 다 걱정돼, 복지사도 걱정되고 복지관도 걱정되고….

사회복지사는 노인에게 어떤 존재였을까? 사회복지사가 이상적인 며느리상이라는 말을 어떻게 받아들여야 할까? 노력을 알아주고 걱정해주는 마음은 감사했지만, 우리가 생각하는 이상적인 사회복지사는 클라이언트에게 걱정을 끼쳐서는 안 되었다. 노인이 공동체의 구성원으로 당당할 수 있는 사회를 만들어가기 위해 필요한 존재가 되어야 했다.

협력업체가 본 사회복지사

열린중원문화광장 사업 아이템을 구상하기 위해 성남시의 여러 공방을 연결했다. 그중 부부가 운영하는 '하나핸즈' 가죽 공방은 가죽으로 손수 만든 다양한 액세서리를 판매했다. 벼룩시장과 다양한 체험 활동을 위해 여러 곳에 연락하던 중 연결된 공방이었다. 사장님 두 분은 늘 친절하고 밝은 모습으로 직원과 어르신들을 대했고, 퀄리티 높은 가죽제품으로 벼룩시장 손님과 복지관 직원들에게 가장 인기 있는 업체였다.

벼룩시장 손님이 없는 날이면 직원들이 홍보지를 들고 복지관

주변에 발품을 팔며 홍보했지만, 모란의 낮은 너무나도 고요했던 탓에 참여한 판매자에게는 한없이 죄송했다. 그런 직원들의 마음을 아는지 하나핸즈 사장님들은 늘 괜찮다며 본인들이 더 즐겁다는 말로 직원들을 위로해주었고, 어느 때는 복지관을 찾는 아이들에게 작은 소품을 나눠주며 꾸준히 벼룩시장에 참여해주었다.

> 공방을 하면서 여러 복지관에 다녀보았는데, 그 어느 복지관보다 활기가 넘치는 공간이었어요. 벼룩시장에 참여하면서 수익이 나거나 하진 않았지만, 다양한 사람들을 만나면서 이야기를 나눴던 게 즐거웠어요.

사장님들에게 열린중원문화광장은 즐거운 기억으로 남아 있었다. 사장님은 또 그런 기회가 있다면 참여할 의향이 있다고 했고, 그때 구매했던 옷을 작년까지 입었다며 신이 난 목소리로 이야기했다. 직원들 역시 그때 공방에서 구입했던 명함지갑을 아직도 사용하고 있다.

> 선생님, 요즘도 많이 바쁘시죠?

당시를 회상하는 사장님의 머릿속엔 '사회복지사는 바쁘고 힘들다'는 인식이 자리 잡고 있었다.

다행히도 참여했던 많은 분에게 열린중원문화광장은 좋은 기억으로 남아 있었다. 노인복지관은 노인의 섬이라는 부정적인 이미지에서 탈피하고자 했던 계획은 성공적이었을까?

　강가를 가로지르는 백조의 우아한 몸짓. 이 우아함은 보이지 않는 물 아래에서 끊임없이 물장구치는 백조의 발에서 나온다고 했던가. 열린중원문화광장은 '노인 인식 개선', '마을 만들기'라는 이름으로 만들어진 하나의 사업이었지만 모든 과정에 사회복지사의 피, 땀, 눈물을 아낌없이 쏟아부은, 변화를 위한 도전이었다. 매년 사업 목적과 목표를 세우고, 획기적인 아이디어를 구상하고, 트렌디한 내용이 반영될 수 있도록 과정을 계획했다. 진행 과정 중에도 종사자, 참여자, 봉사자를 대상으로 평가를 진행했고, 평가 결과에 따라 계획을 보완했다. 하지만 부단했던 노력이 무색하게 열린중원문화광장 사업은 2019년을 마지막으로 8년간의 긴 여정을 마쳤다.

마을 만들기가 남긴 것

　　열린중원문화광장은 노인에 대한 부정적인 인식을 개선하고 지역과 함께하는 마을공동체를 만들었다기보다, 관계자들에게 고된 사회복지사의 일을 간접적으로 체험하게 한 사업이 아니었을까. 사업에 참여했던 일은 즐거웠던 기억으로 남아 있었지만, 그와 함께 떠오르는 사회복지사는 백조의 물장구처럼 바삐 움직이는 모습이었던 것 같다.

　우리는 이 사업에서 무엇을 얻고자 했을까? 광장이 단순히 바자회나 공연을 진행하는 곳이 아닌, 지역주민과 복지관 노인이 소통하는 공간, 함께 이상을 꿈꾸고 만들어가는 디딤돌이 되기를 꿈꿨다. 복지관의 이러한 역할을 통해서 노인에 대한 부정적인 인식을 개선하고, 노인이 지역주민과 같은 시민으로서 행복한 공동체를 함께 만들어나갈 수 있기를 바랐다.

꿈을 이루기 위해서는 사람들을 복지관으로 이끌 수 있는 무언가가 필요하다고 생각했다. 그 무언가를 위해 우리는 공간에 대한 고민과 함께 지역주민과 노인의 욕구를 조사하고, 자원을 연결하는 등 광장을 활용할 수 있는 아이템 개발에 열중했다. 아이템은 다양했고 참여자의 반응도 꽤나 긍정적이었다. 조금만 더 하면 될 것 같다는 희망으로 1년, 2년, 3년… 그렇게 8년 동안 사업에 매달렸지만, 결과는 달라지지 않았다. 이용하는 주민은 한정적이었고, 복지관에 대한 주민의 인식, 노인에 대한 부정적인 생각 들은 변하지 않았다. 주민 속 열린중원문화광장이 되기 위해 주민조직화를 위한 노력도 기울였지만, 이렇다 할 성과를 거두지 못했다. 사업에 매달렸던 8년 동안 사회복지사들은 지쳐갔다.

열린중원문화광장 사업이 성공할 수 없었던 이유는, 다음에서 본격적으로 소개할 중간관리자들의 학습동아리인 '인권다방'에서 사회복지 가치와 철학을 학습하며 깨닫기 시작했다. 우리는 사회복지 가치와 철학을 함께 공부하면서 사회복지사로서의 정체성과 복지관의 사업 방향에 대해 성찰하였다. 200미터 높이까지 뛸 수 있는 벼룩을 오랜 시간 좁은 통 안에 가두어놓으면, 통을 열어주더라도 그 통 밖으로 뛰어 나갈 수 없다. 벼룩은 그 통의 높이만큼만 뛸 수 있다고 생각하기 때문이다. 우리 또한 열린광장을 지향한다고 하면서도 여전히 복지관 앞 제한된 공간 안에 주민과 노인 들을 가둬두고, 그 안에서 관계가 형성되길 기다렸던 것 같다. 복지관 앞 공간을 어떻게 활용할지에 대한 노인과 지역주민의 욕구는 조사했다. 하지만 정작 그들의 삶에 필요한 복지관과 선배시민의 역할이 무엇인지에 대해 함께 공감하며 이야기 나눌 기회는 충분히 마련하지 않았던 것 같다.

그럼에도 불구하고 열린중원문화광장 사업이 우리에게 긍정적이었던 것은 노인이 지역사회에 한 발짝 더 다가설 수 있는 '시작'으로, 중원노인종합복지관이 지역공동체의 일원으로서의 도약을 준비할 수 있었다는 점이다.

3. 선배시민이라는 꿈

모란 오거리의 토인비 홀을 꿈꾸다

1884년 런던 이스트엔드 지역에 세워진 사회복지 기관인 토인비 홀에서 세계 최초로 인보관 운동이 시작됐다. 인보관 운동은 가진 자가 가지지 못한 자에게 주는 시혜가 아니라, 서로에게 영향을 주고받으면서 함께 문제를 해결하는 방향으로 조직화하는 지역사회 운동의 시발점이 되었다. 선배시민 운동은 노인에게 필요한 서비스를 제공하기 위해서라기보다는 노인이 지역공동체의 주민들과 함께 같은 시민으로서 영향을 주고받으며 서로의 문제를 해결하고자 한다는 의미에서 인보관 운동과 같다.

중원노인종합복지관은 토인비 홀이 인보관 운동의 시작점이 된 것처럼, 선배시민 운동의 시발점으로 마중물이 되고자 했다. 노인들만의 세상, 지역의 외딴 섬이 아닌 선배시민이 지역주민과 함께 지역의 문제에 관심을 가지고 고민하고 토론하고 학습하는 열린 공간으로서의 커뮤니티센터로 기능하는 것, 이것이 중원노인종합복지관이 상상하는 노인복지관의 이상이었다.

  2012년 부임한 고상진 관장은 노인복지관의 변화를 위한 첫발로 교육을 선택했다. 이용자(노인)에게는 인문학 교육을, 종사자에게는 사회복지 가치와 철학에 대한 교육을 함으로써 그들이 고정관념에서 벗어나 사회현상에 대한 근본적인 문제를 자각하고 고민하고 함께 이야기할 수 있는 소통의 자리를 만들고자 했다.

학습동아리 '인권다방'을 시작하다

  돌봄의 대상인 노인에게 사회복지 서비스를 지원하는 사회복지가 아닌, 노인도 같은 시민으로 바라보고 사람답게 살아갈 수 있는 세상을 만드는 사회복지로의 인식 전환이 필요했다. 불쌍한 사람을 도와주는 사회복지가 아닌, 불쌍한 사람을 만들지 않는 세상을 위한 사회복지가 절실했다. 하지만 우리가 그동안 배웠던 사회복지는 불쌍한 사람을 도와주는 것일 뿐, 세상을 비판적으로 바라보고, 세상의 변화를 상상하는 것이 사회복지라는 것은 누구도 알려주지 않았고, 생각하지도 못했다. 사회를 객관적으로 바라보고 생각할 수 있는 관점의 변화가 필요했다.

  이와 같은 문제의식에 따라 2012년 전 직원을 대상으로 '선배시민 가치철학 교육'이 시작됐다. 직원들에게 선배시민 철학이 본격적으로 스며들기 시작한 것은 2016년 중간관리자를 중심으로 '인권다방'이라는 학습동아리를 만들면서부터이다. 중간관리자부터가 선배시민 철학에 대해 이해하고 있다면, 복지관 각 부서에서 진행하는 사업에 이를 녹여낼 수 있지 않을까 하는 생각에서 시작된 동아리였다.

한 달에 한 권의 책을 읽고 나의 생각을 발제문으로 작성하고 함께 나누는 시간을 가졌다. 책을 통해 나를 성찰하기도 했고 사회문제에 대해서도 이야기를 나누었다. 생각 나누기를 한 후에는 유범상 교수에게 피드백을 받았다.

지금까지 이어져오고 있는 인권다방을 돌이켜 생각해보면 정말 많이 변한 듯하다. 학습동아리가 시작됐을 때는 다른 사람 생각에 토를 다는 건 아닐까, 내 생각이 틀린 건 아닐까, 조마조마한 마음으로 입을 떼기가 어려웠다. 유 교수의 피드백을 이해하는 것도 어려웠다.

다년간 선배시민 사업을 진행했음에도 불구하고, 나의 생각과 상대방의 생각을 나누며 문제점과 해결책을 찾는 과정이 어려웠던 이유는 무엇이었을까? 인권다방에 참여하는 모든 구성원이 편안한 마음으로 토론에 참여하기까지는 수년이 걸렸다.

선배시민 사업을 기획하고, 노인들을 대상으로 인문학 교육을 진행했다. 선배시민의 의미에 대해서 긍정적이고 호의적인 노인도 있었지만, 반대로 '빨갱이 교육'이라며 불편한 기색을 내비치는 노인도 있었다. 교육이 시작될 때는 불편해했지만, 끝날 때는 교육에 대해 긍정적인 피드백으로 마무리하는 노인도 있었다. 선배시민 사업이 교육으로 끝나지 않고 자조모임으로까지 이어질 수 있도록 조직화했다. 일회성 교육이 아닌 지속적인 학습과 토론으로 서로의 생각을 나누는 소통의 자리를 통해 노인들은 조금씩 변화하기 시작했다.

　중원노인종합복지관은 교육을 통해 조금씩 변화했고, 직원과 노인 모두 놀라우리만큼 성장했으며, 사업 또한 괄목할 성과를 내기 시작했다.

　2019년 신명희 관장이 부임했다. 부임 당시 중원노인종합복지관의 선배시민 사업은 확장되고 있었다. 사업에 대한 방향성과 슈퍼비전을 제시하기 위해 신명희 관장은 인권다방 학습동아리에 참여했다.

　그리고 전 직원을 대상으로 한 사회복지 가치와 철학 교육을 시작으로 종사자 모두가 공감하는 중원노인종합복지관만의 미션과 비전을 수립하는 과정을 수차례에 걸쳐 진행했다. 직원들은 공동체에서 존중, 연대, 성장이라는 핵심 가치를 도출했고, '선배시민과 함께 디자인하는 행복한 지역공동체'라는 미션을 수립했다. 조직 구성원 모두가 논의하고 합의하는 과정은 직원들로 하여금 종사자로서의 자부심과 사명감을 갖게 했다.

　이러한 과정을 거치면서 선배시민 사업만을 위해서가 아니라, 스스로의 성장을 위해 학습동아리에 참여하고 싶다는 직원들이 생겨났다. 사회복지에 대한 가치와 철학은 기관뿐만 아니라 종사자 개인의 성장에도 영향을 미쳤으며, 선배시민 사업은 중원노인종합복지관의 방향으로 자리 잡기 시작했다.

중원노인종합복지관, 선배시민을 만나다
고상진 전 관장 인터뷰

Q1. 2012년 부임하면서 열린중원문화광장 사업과 선배시민 교육을 시작하였습니다. 두 사업을 도입한 이유는 무엇인가요?

노인이 공동체 안에서 다양한 주민들과 함께 어울릴 때 그 안에서 노인의 사회적 역할이 살아나는 것인데, 지금의 노인들은 공동체의 일원으로서 과연 행복할까라는 의문이 들었습니다. 노인들만 있는 공간에서 여가 프로그램에 참여하고 식사를 하는 것 이외에 노인들은 그저 힘없고 무기력한 존재로 보였습니다. 하지만 그런 노인의 모습에 문제의식을 가지는 직원은 없었습니다.

노인들이 자기 역할을 하면서 그 역할 속에서 행복할 수 있는 기회를 만들어 주는 사회복지를 꿈꾸었지만, 사회복지사들은 기존의 잔여적 복지 중심의 사업을 하고 있었고 새로운 복지를 받아들일 준비가 안 되어 있었습니다. 그 부분이 중원노인종합복지관에 부임하고 했던 첫 고민이었습니다. 제가 생각했던 새로운 사회복지를 시도하기 위한 준비는 곧 교육이라고 생각했습니다.

또한 노인이 사회적 역할을 갖기 위해서는 복지관이 노인들의 섬이 아니라 지역과 함께하는 커뮤니티센터로 거듭날 필요가 있었습니다. 노인이 지역주민과 함께할 수 있는 것이 무엇이 있을까를 고민하던 시점에 복지관 앞 광장을 보게 되었습니다.

상가와 주택 들에 둘러싸여 있던 복지관 광장은 낮에는 노숙인의 놀이터, 밤에는 사람들의 눈을 피해 청소년들이 흡연하거나 술을 마시는 우범지역에 불과했습니다. 그 공간이 노인과 지역주민의 연결고리가 될 수 있지 않을까 하는 생각을 하게 되었고, 지역주민과 노인이 소통하는 광장으로 열린중원문화광장 사업이 시작되었습니다.

Q2. 열린중원문화광장 사업의 성과와 아쉬운 점은 무엇인가요?

'노인복지관은 노인만 이용할 수 있는 공간이다'라는 인식이 있었던 터라 이전까지만 해도 복지관에 젊은 사람들이 오면 '젊은 놈이 왜 여기 오는 거야?' 하는 분위기가 강했습니다. 열린중원문화광장 사업을 하면서 자연스럽게 어린아이들도 복지관에 드나들게 되고, 아이들에게 캐리커처도 그려주고 가훈도 써주며 노인들이 재능을 발휘할 수 있는 공간으로 활용되는 과정을 겪으면서 노인복지관에 대한 인식이 변화하기 시작했습니다.

아쉬웠던 부분이라고 한다면, 복지관이 주최하는 사업에 머물지 않고 주민들과 함께 계획하고 실현하는 과정이 되길 바랐는데, 상가와 일반 주거지역이 혼재되어 있다 보니 정주성을 갖는 시민들, 지역에서 활동하는 주민들을 찾기가 쉽지가 않았습니다. 추진위원회를 구성하였지만, 일반 주민보다는 단체에 소속되어 있는 사람들이 많았습니다. 여전히 공동체를 위한 사업으로 주체성을 갖기보다는 복지관의 사업에 참여하는 정도에 그쳐 적극적인 참여를 이끌어내기에는 어려움이 많았습니다. 공간 활성화를 위해 저녁시간대를 이용한 광장 운영을 지자체뿐만 아니라 성남시에 있는 다양한 기관에 협조 요청을 해보았지만, 이 역시 예산과 관리 인력 등의 문제로 실행이 어려웠습니다.

하지만 이러한 경험들은 그동안 노인복지를 노인 대상 프로그램 중심으로만 접근했던 사회복지사들의 시야를 지역주민과 공동체로 확장하는 과정으로, 사회복지사의 역할에 대해 고민해보는 기회이자 좋은 시도였다고 생각합니다.

Q3. 선배시민 사업 초창기에는 어떤 어려움이 있었나요?

서비스 전달자의 역할뿐만 아니라 다양한 사회복지사의 역할에 대해 직원들에게 제안을 했지만, 업무 양이 많아지는 직원들의 입장에서는 부담이 컸습니다. 새로운 무언가를 통해 변화를 시도할 때 따라오는 막중한 책임감과 부담감에 불만을 제기하는 직원을 설득하고 이해시키고자 노력했습니다. 직원들이 물었습니다. '기존의 사업을 모두 버리고 선배시민 사업만 할 수 없지 않느냐?' 저는 대답했습니다. '선배시민 사업만 고집하는 것이 아니다. 기존에 선생님들이 하고 있던 사업과 다른 새로운 사업을 하자는 게 아니고 우리가 하고 있는 사업에 선배시민의 의미를 담아 변화시켜보자는 것이다.' 그렇게 중간관리자를 우선으로 학습동아리를 꾸려 교육을 하기 시작했습니다. 교육이 거듭될수록 중간관리자들이 변화하기 시작했습니다. 자신이 맡은 사업의 방향을 고민하기 시작했고, 관장인 제 설득 없이도 스스로 고민하고 사업을 변화시키기 시작했습니다.

Q4. 선배시민 사업을 하면서 경험한 긍정적인 변화나 이 사업의 성공을 확신할 수 있었던 순간이 있다면 소개해주기 바랍니다.

사회로부터 분리되는 것, 누군가 나에게 아무것도 기대하지 않는 상태가 되는 것, 노인이든 사회복지사든 역할의 상실은 가장 괴롭고 힘든 부분이라고 생각합니다. 저는 노인들이 선배시민이라는 의미 안에서 잃어버렸던 사회적 역할을 다시 찾고 삶의 의미를 발견하는 과정을 보며 이 사업의 성공을 확신할 수 있었습니다.

사례를 들자면, 사회복지사를 대상으로 하는 선배시민 강사 양성 과정에서 만났던 선생님 한 분은 선배시민 강사 양성 과정에 참여하게 된 계기를 말하며 "저는 오고 싶지 않았는데 관장님이 보내서 왔습니다"라고 했습니다. 시작은 강요였다고 했던 그분의 강의 마지막 소감은 놀라웠습니다. 선배시민 강사 양성 과정에 참여할 당시 복지관을 그만두고 싶다는 생각으로 사직서를 준비했고 마음도 떠났지만, 강의를 듣고 나니 사회복지를 다시 한번 해보고 싶어졌다고 했습니다. 사회복지사에게 선배시민 사업은 잃어버린 정체성, 역할

등을 되살려주는 사업이구나 하는 확신이 들었습니다.

노인에게서도 변화를 볼 수 있었습니다. 어느 날 선배시민 교육을 하고 있는데, 강의 중간에 의자를 뻥 차고 벌떡 일어나는 어르신이 있었습니다. "이런 교육을 우리한테 들으라는 거야?"라며 교육실을 나가려고 하는 걸 붙잡았습니다. 그리고 8강까지 교육을 들어주길 간곡히 부탁했습니다. 중간에도 위험이 있었지만, 그분은 교육을 끝까지 들어주셨고 교육이 끝난 후 왜 끝까지 들어야 한다고 했는지 이해가 된다며, 그때 교육실을 나갔더라면 후회했을 거라고 과거의 섣부른 행동에 대한 사과와 함께 소감을 이야기했습니다. 교육을 할 때마다 내용에 대해 동의하지 않는 노인들은 있었지만, 교육 후에 달라진 모습을 보여주는 노인들을 보면서 선배시민은 노인에 대한 인식도 바꾸지만, 노인 자신도 변화할 수 있는 가치이자 철학임을 확인하게 되었습니다.

선배시민은 노인이 공동체 안에서 의미 있는 삶을 살아가기 위해서는 빵과 함께 존재의 의미가 필요하다는 것을 깨닫게 하고 그런 역할을 함께 만들어가는 사업이라고 생각합니다. 선배시민 사업을 통해서 사회복지사와 노인과의 관계도 달라졌습니다. 서비스의 대상이고 민원의 온상이던 노인들이 이제는 공동체의 변화를 위해 함께 무언가를 만들어가는 동료가 되고 파트너가 되고 있습니다. 이런 관계를 선배시민 사업이 아니면 어디서 경험할 수 있겠습니까.

3장
선배시민을 향한 도전
박희진 신은정 최유진 홍세희

거창하고 멋진 실천이 아니더라도 '그래, 시도해보자!',
'두려울 게 뭐가 있어? 우리가 선배시민인데!' 하는 마음이었다.
종전에는 어떤 활동을 할지 담당 사회복지사가 미리 정하고
노인들은 이를 교육받은 후 운동을 했다면, 이번 캠페인은
건강동아리 선배시민들이 토론을 통해 문제점을 도출하고
주제를 직접 정하는 방식으로 진행했다. 더디더라도
선배시민들이 이야기를 통해 해결점을 찾고
서로의 생각을 들어보며 캠페인을 준비해나갔다.

1. 우리 복지관이 달라졌어요

선배시민을 만나기 전 사회복지사

우리는 케어하기 바빴어

노인복지시설은 노인 돌봄을 주로 하는 요양시설이 대부분이다. 노인복지관은 노인여가복지시설로 분류되며 노인의 건강, 소득, 여가, 문화 관련 사업을 진행한다.

2004년 12월 대구시 불로동 한 가정집 장롱에서 5세 어린이가 영양실조로 숨진 채 발견되어 복지 사각지대에 놓인 극빈층 가정 아동의 실태가 적나라하게 드러났다. 이로 인해 「긴급복지지원법」을 제정하고 사회복지 담당 공무원을 충원하는 등 가시적인 조치를 취했다. 또한 2005년 7월 「사회복지사업법」이 개정되면서 행정자치부 전달 체계가 바뀌었다. 시군구 단위의 희망복지지원단이 신설되었고, 위기 가구 중심의 사례관리가 사회복지의 주요한 사업이 되었다. 경기도에서는 무한돌봄 사업이 시작되었고, 복지시설은 이에 발맞추어 클라이언트 중심의 맞춤형 서비스 제공, 통합 사례관리를 주요 사업으로 운영하기 시작하였다.

이러한 흐름 속에서 노인복지관 또한 클라이언트의 욕구를 중심으로 서비스를 제공하였고, 노인의 돌봄에 집중하였다. 상담, 사례관리 및 지역사회 돌봄, 건강 생활 지원, 노년 사회화 교육, 지역 자원 및 조직화, 사회참여 및 권익 증진 등 6대 사업 영역에서 다양한 형태의 프로그램으로 노인들을 돌보기 바빴다.

중원노인종합복지관의 회원은 16,000명 정도로 하루 이용자는 2,500명이 넘었다. 30여 명의 사회복지사가 있었으며, 6대 사업 영역에서 100여 개의 세부 프로그램을 운영했다. 사회복지사는 노인의 다양한 욕구와 돌봄의 요구를 해결하며 정보 제공자, 서비스 전달자, 프로그램 개발 및 기획자 등 한정된 역할을 수행하고 노인들을 돌보는 것만으로 바쁘고 벅찼다.

이미 복지관은 노인들로 가득 찼고 운영하고 있는 프로그램으로도 노인들을 충분히 돌보고 있다고 느꼈다. 더 이상의 프로그램은 필요하지 않았다. 선배시민은 또 하나의 사업으로 다가왔고, 우리에게는 돌봄 이외에 다른 것을 생각할 여유가 없었다.

케어만이 답인 줄 알았어

복지관은 경제적·정서적·문화적 돌봄이 필요한 사람들이 이용하는 곳이라고 대부분이 생각한다. 마찬가지로 '노인' 복지관은 경제적·정서적·문화적 돌봄이 필요한 65세 이상의 노인이 이용하는 곳이라고 생각한다.

그래서 노인복지관에서는 돌봄이 필요한 노인을 위한 사례관리, 밑반찬 서비스, 주거환경 개선 등 다양한 돌봄 서비스를 제공했고, 상담 또한 세무, 법률 등 외부 상담과 집단 상담 등 내부 상담으로 다양하게 진행했다. 이처럼 돌봄이 필요한 노인을 위한 자원과 서비스는 점차 늘어났지만, 노인들의 삶은 크게 달라지지 않았다.

국가에서는 노인빈곤을 해결하기 위해 노인에게 일자리를 제공함으로써 소득 보조와 사회참여의 길을 제공했고, 노인복지관 대부분은 노인 일자리 사업을 진행했다.

중원노인종합복지관도 400여 명이 노인 일자리에 참여하고 있다. 마을을 청소하고 노인들의 말벗이 되어주고 도움이 필요한 곳에 손길을 더하는 등 노인들은 건강이 허락하는 한 소득이 적어도 일할 수만 있다면 일을 하길 원한다.

그리고 아직 돌봄이 필요하지 않고 경제적으로 여유가 있는 노인의 경우 활기찬 노후, 즐거운 노후를 위해 노인 맞춤형 건강 및 영양 정보 등 전문 건강 서비스 제공에 대한 욕구가 매우 높았다. 퇴직 후 배움과 문화 여가에 관심이 많은 노인을 위해서는 서예, 라인댄스, 요가, 노래, 생활영어, 탁구, 인터넷 등의 강좌가 제공됐다. 평생교육 강좌 수만 70~80개가 넘었고 대국터, 당구장, 탁구장, 체력단련실, 컴퓨터실 등 필요로 하는 공간 수도 늘어만 갔다.

노인들이 건강하고 행복한 노후를 보냈으면 하는 바람으로 다양한 서비스를 진행했으나 욕구에 부응하려 할수록 서비스 수는 늘어만 갔고, 이를 충족시키지 못하면 민원이 더 크게 발생했다.

이처럼 빈곤한 노인은 밑반찬, 주거환경 개선, 일자리 등 생존과 관련된 돌봄을, 생활에 여유가 있는 노인은 건강, 취미, 여가, 자기계발 관련 욕구를 충족시켜줄 만한 돌봄을 원했다. 돌봄이 답이라고 생각했던 사회복지사들은 돌봄을 할수록 더 많은 돌봄을 요구하는 노인들을 보면서 지쳐갔다. 돌봄만으로 많은 문제를 해결할 수 없는 상황에서 대안이 필요했다.

선배시민 사업을 시작하다

우리는 변해야 했다

사회복지사 혼자 힘으로 많은 돌봄 서비스를 진행하는 데는 한계가 있었다. 우리는 돌봄의 빈틈을 메꾸기 위해 많은 외부 자원을 연결해 협약을 맺고 네트워크를 통해 공동 사업을 진행했다. 어떻게 해서든 지역에서 노인 돌봄 문제를 해결하고자 한 것이다. 모란 오거리를 중심으로 건강, 나눔, 환경 등을 주제로 다양한 캠페인을 진행하기도 하였고, 열린중원문화광장에서 지역주민과 함께 행사를 진행하기도 하였다.

그러나 주체와 주관은 여전히 중원노인종합복지관과 사회복지사들이었고 노인은 참여의 대상, 돌봄의 대상으로만 존재했다. 직원들은 더 바쁘게 더 많은 사업을 진행하며 새로운 기획과 참여자 모집이라는 두 마리 토끼를 잡느라 지쳐갔다.

그러던 중 2012년 고상진 관장이 부임하고 유범상 교수를 만나면서 선배시민을 접하게 되었다. 2012년 선배시민 교육을 처음 받았을 때 직원들의 반응은 냉소적이었다. '선배시민이 뭐야? 어렵고 힘들 것 같은데?'라는 부정적인 반응이 대부분이었다. 이후 선배시민 인문학 교육을 진행하면서도 선배시민의 가치와 철학을 이해하지 못한 채, 확신 없이 했다.

우리는 여전히 돌봄 서비스 중심 사업 틀에서 대부분의 사업을 진행하였고, 선배시민 인문학 교육 운영 담당자는 기관의 방향이니 따른다는 차원에 머물렀다.

선배시민 사업에서는 어떠한 관점을 가져야 하는지, 사회복지사의 역할은 어떻게 달라야 하는지, 프로그램은 어떻게 다르게 접근해야 하는지 정확하게 이해하지 못한 채 익숙한 방식과 새롭게 습득한 방법을 혼용하며 돌봄의 빈틈을 메우고자 했다.

사회복지 분야의 다양한 노력에도 불구하고 우리 사회의 비극은 진행형이었다. 2014년 송파 세 모녀 사건이 일어났다. 구조와 제도가 변하지 않는 상황에서 사회복지사의 돌봄 서비스만으로는 한계가 있다는 것을, 우리가 노인을 다른 관점에서 바라볼 필요가 있다는 것을 깨달았다.

불확실성과 불안함 속에서도 우리는 변화를 꿈꾸었고 돌봄의 대상에서 돌봄의 주체로 노인들을 바라보려는 의지를 다졌다. 2015년 선배시민 사업 주력 부서를 신설해 어렵고 힘들지만 한번 해보자는 열정으로 선배시민 대학을 진행하기 시작했다.

선배시민과 만남의 과정

2012년 선배시민 인문학 교육을 시작하고 우여곡절 끝

선배시민 연혁

구분		도입기			전환기		도약기		발전기			확산기
		2012	'13	'14	'15	'16	'17	'18	'19	'20	'21	'22
주요 일정		고상진 관장 취임					비전 선포		신명회 관장 취임 / 미션-비전 재정립			
직원 교육	선배시민 가치철학 교육	전 직원			소수 직원		전 직원 (단발성)		전 직원 (연 1회)			
	매니저 및 강사 양성 과정				소수 직원							
교육 과정	학습 동아리					중간관리자			신입 직원		전 직원	
TF팀					선배시민 디딤돌				선배시민 연구 TFT			
기관 사업						인문학 교육 / 선배시민 대학						
							관리형 자원봉사 교육 및 관련 프로그램					
								함께라 청춘들				
								공동체 건강 지킴이				
								세대 공감 지역 토론회, 그룹타기 봉사단, 청소년 자원봉사 학교				
									신모람여지도			
										자치와의 만남		
											중원선배시민위원회	
												8개 동아리 신설

에 2015년 선배시민 대학을 시작하였다. 중간관리자를 중심으로 선배시민 강사 양성 과정, 학습동아리 등에 참여했다.

학습동아리에서 경험한 가장 큰 변화는 직원들이 스스로를 교육가이자 조직가로 인식하기 시작했다는 점이다. 이는 노인과 함께 학습하고 토론(대화)하며, 노인들이 선배시민으로서의 역할을 자각하고 복지관에서 무엇을 할 수 있을지를 모색하는 노력으로 이어졌다. 사회복지 6대 사업에 선배시민 철학을 조금씩 녹여갔다.

지금에 와서 선배시민 사업과 기존 사업의 차이점을 이야기하라고 하면 두 가지를 들 수 있다. 첫 번째는 선배시민이 공동체를 돌보는 존재임을 명확하게 인식하며 모든 사업을 기획한다는 점이다. 두 번째는 선배시민 스스로 토론을 통해 작은 것부터 함께 논의하고 결정한다는 것이다. 즉, 기존 프로그램이 사회복지사가 노인들의 욕구를 파악해서 기획하고 진행했다면, 선배시민 프로그램은 선배시민과의 대화를 통해 욕구를 이해하고 끊임없는 토론 과정을 통해 실천하고 결과를 도출한다.

2017년 중원노인종합복지관 개관 10주년 기념행사를 진행하며 선배시민 비전 선포식을 통해 우리가 만나는 노인들을 '공동체와 후배시민을 돌보고 공동체의 길을 열어가는 선배시민'이라고, 지역주민과 유관 기관 들을 '공동체와 소통하고 공감하며 선배시민과 함께하는 후배시민'이라고, 마지막으로 사회복지 전문가를 '공동체와 선배시민을 이어주는 조직가이자 교육가'라고 선언했다.

> **선배시민 비전 선포문**
>
> 공동체와 후배시민을 돌보고 공동체의 길을 열어가는 선배시민
> 공동체와 소통하고 공감하며 선배시민과 함께하는 후배시민
> 공동체와 선배시민을 이어주는 조직가이자 교육가

이후 노인 일자리 사업단에서는 선배시민 실천 활동으로 지역사회 커피 나눔 '힘내라 청춘들', 건강생활지원팀에서는 공동체 건강 지킴이 '건강동아리', 사회참여팀에서는 공동체 문화 커뮤니티 발굴을 위한 'JWBC', 세대 공감 지역 토론회 등이 진행되었다. 직원들은 중간관리자 학습동아리 '인권다방'에 이어 선임사회복지사 학습동아리 '목요클럽', 평사회복지사 및 일반 직원 학습동아리 '마리다', '너목들', '상상상', '생각부엌'을 운영하며, 학습하고 자각하고 성찰하였다.

선배시민 학습동아리

동아리 명	소개	결성 연도*
디딤돌	성남 시민 인권 보장을 위한 시민 인권 서포터즈	2014
공동체 건강 지킴이 (꽃사슴, 진선미)	시민의 건강을 위한 환경 보존 실천 활동	2018
공동체 건강 지킴이 (우정)	시민의 안전을 위한 체육시설 안전 조사 및 정책 제안	2018
그루터기	청소년이 건강한 시민으로 성장할 수 있도록 정서적 지지 및 멘토링	2018

노노상담	동년배 인권 보장을 위한 상담 및 자원 연계 실천 활동	2018
소리통	1·2·3세대가 함께 서로의 생각을 나누는 토론 활동	2018
카페지음	바리스타 재능을 통해 후배시민 응원	2018
JWBC(중원방송단)	방송을 통해 복지관을 홍보하고 지역 및 세대 간 소통	2018
JWBC(중원알림이 기자단)	지역사회 문제를 취재하고, 정보 전달 및 홍보	2018
JWBC(ICT 선도자)	선배시민의 삶을 기억하는 영상 자서전 및 지역 공동체 프로젝트 영상 제작	2018
빛나리 연극단	연극을 매개로 지역 공동체와 소통하는 공연	2021
가치 잇는 걷기 동아리	걷기 좋은 마을을 만들어가는 걷기 동아리	2022
먹보시선	시민의 안전하고 건강한 먹거리를 위한 실천 활동	2022
별 헤는 밤	문학을 매개로 지역 공동체를 돌보는 활동	2022
안녕 합창 봉사단	노래를 매개로 세대가 함께 문화를 형성, 지역사회의 안녕을 위한 문화 공연	2022
자원순환 서포터즈	지역사회 자원순환 실천 활동(현수막 재활용, 우유팩 수거 등)	2022
중원농부	텃밭 가꾸기, 수확물 나눔을 통한 공동체 활동	2022
책 읽어주는 할매 할배	동화 구연을 통해 아이들의 성장을 돕는 활동	2022
365 성남 지킴이	성남의 문화와 문화재를 지키는 실천 활동	2022

* 일부 학습동아리의 결성 연도는 선배시민 철학을 지향하기 시작한 시기를 기준으로 함.

선배시민 대학과 디딤돌

선배시민 기관 사업의 기초는 선배시민 대학이다. 선배

시민 대학은 노인이 돌봄의 대상이 아닌 공동체의 어른으로서 지역과 후배시민을 돌보며, 시민으로서 권리와 의무를 다하는 주체적인 삶을 영위할 수 있도록 학습, 자각, 실천하는 시민교육이다. 이는 기초·심화 과정으로 구성해 매년 진행하고 있다.

선배시민 대학 커리큘럼

과정	회기	교육 내용
기초 과정	-	선배시민 대학 입학식
	1	노인에서 선배시민으로
	2	근본적인 질문, 나는 생각하는가?
	3	선배시민, 공동체의 길을 묻다
	4	선배시민의 길을 낸 사람들
	5	선배시민, 후배시민을 품다
	6	선배시민, 상식을 전복하다
	7	내 공간에서 나다운 실천을 상상하다
	8	선배시민 대학 수료식
심화 과정	1	토론에 대한 이해
	2	토론 기초 체력 기르기
	3	자유롭게 의견 나누기
	4	서로 다른 생각 나누기

노인의 취미 및 여가 활동에 초점을 맞춰 진행했던 노년 사회화 교육은 노년기 자기계발과 개인 삶의 만족도에는 큰 영향을 끼쳤지만, 지역사회 등의 공동체에서 노인의 사회적 역할을 찾

기에는 한계가 있었다. 그러나 선배시민 대학에 참여한 노인들은 노인을 돌봄의 대상이 아닌 주체로 인식하고 권리와 의무를 가진 시민으로 자각하며 공동체 문제에 관심을 갖고 실태 조사, 정책 제안 등 공동체와 후배시민을 위한 활동에 앞장서기 시작했다.

선배시민 대학에 참여한 한 선배시민은 "코로나19에 대해 재난지원금, 인종차별, 의료 시스템 등 다양한 주제로 학습하고 토론했다. 코로나19로 인한 후배시민, 공동체의 어려움을 알게 되었고 공동체를 위해 우리 노인들이 무엇을 할 수 있을까, 고민하게 되었다. (…) 선배시민 대학 강의를 통해 노인의 자화상을 상상해보았다. 노인에 대한 생각의 변화와 선배로서 시민으로서의 중요성을 알게 되었고 나의 행동이 달라져야 함을, 후배시민들의 입장에서 생각해볼 필요가 있음을 느꼈다"고 말했다.

이와 같은 생각의 변화를 바탕으로 탄생한 첫 선배시민 자조 모임이 '디딤돌'이다. 디딤돌은 선배시민 인문학 교육과 토론 교육을 들은 선배시민을 중심으로 2014년 결성됐다. 모임 이름은 후배시민들이 디디고 다닐 수 있는 평평한 돌과 같은 존재이자, 사회의 각종 문제를 해결하는 데 바탕이 되겠다는 선배시민들의 의지를 담고 있다.

디딤돌은 2016년까지 선배시민 대학 과정을 반복적으로 들으며 학습과 토론을 이어가는 활동 위주로 운영됐다. 이것이 쌓여 2017년부터는 청소년 문제에 관심을 갖고 청소년 단기 보호시설을 방문하거나 자립을 지원하는 정책을 제안하는 등 실천 활동도 시작했다. 디딤돌 소속 선배시민들은 2018년부터 다양하게 조직된 선배시민 동아리에 참여해 이들 동아리가 후배시민과 공동체를 돌보는 실천 활동을 하는 데 주도적인 역할을 하고 있다.

    2022년부터는 디딤돌 차원에서 성남시마을공동체지원센터의 마을 활동가로 나서며 복지관 내 실천을 넘어 지역사회로 들어가기 위한 노력을 본격화하고 있다. 지역주민들과 함께 마을을 둘러보고 조사하며 캠페인을 진행하고 걷고 싶은 모란 오거리를 만들기 위한 활동을 하였다. 이제 디딤돌뿐만 아니라 많은 동아리들이 복지관을 넘어 지역사회 참여와 시민으로서의 정치참여까지 활동 범위를 확대하고 있다.

2. 노인이 시민권을 만나는 방법

시민의 건강권을 말하다: 건강동아리 활동

9988, 99세까지 팔팔하게

중원노인종합복지관이 노인들에게 필요한 교육 주제에 관해 질문하면 매년 '건강관리' 분야가 높은 순위를 차지했다(2017·2018·2019년 중원노인종합복지관 이용자 만족도 조사). 이는 다수 노인의 주요 관심사가 건강이라는 것을 잘 보여준다. 한국은 65세 이상 노인 비율이 2018년 기준 14.4%로 고령 사회에 들어섰고, 이 추세라면 2025년에는 노인 비율이 20.6%로 초고령 사회가 된다. 고령 사회에 살고 있는 한국 노인은 건강하지 않으면 자식들에게 짐이 될까 봐 아프지 않고, 건강을 지키는 것을 최우선으로 여기며 살아가고 있다.

이러한 사회적 변화로 노인복지관에서는 고혈압, 당뇨 등 만성 질환을 예방하고, 건강한 생활 습관을 형성할 수 있도록 다양한 운동 프로그램, 건강 상담, 건강 관련 정보 제공, 식습관 관리 등의 건강 서비스를 제공하고 있다.

활동의 일환으로 건강동아리 운영을 빼놓을 수 없다. '9988', 즉 '99세까지 팔팔하게'라는 슬로건 아래, '진선미', '꽃사슴', '우정'이라는 이름의 동아리가 결성되었다.[1]

이들은 동아리 이름이 적힌 단체복을 입고, 공원에서 걷고 운동하며 건강 정보도 나누고, 각자가 싸 온 도시락을 나눠 먹으며 소소한 일상의 이야기를 나눈다. 그 과정에서 건강동아리 노인들은 가정에서 느꼈던 가족애와는 또 다른 소속감을 느끼게 된다.

'○○시청에 건강과 관련한 좋은 프로그램이 있다', '함께 가 보자' 하면 모여서 건강 교육을 듣고, 끝나면 복지관으로 돌아와 오늘 활동한 소감과 진행 과정을 담은 사진을 보여주며 사회복지사, 간호사, 물리치료사에게 소개한다. 건강동아리를 통해 노인 스스로 건강한 생활 습관을 익히고, 새로운 동료와 함께 활동함에 보람을 느끼며 활기찬 노년의 모습을 보여준다.

'나'에서 '우리로'

2018년 건강동아리에서는 내 건강을 충분히 살피고 실천했으니, 우리 지역의 건강, 공동체의 건강을 살피는 활동으로 나아가보고자 선배시민 철학과 만나는 시간을 가졌다. 처음 노인들은 '선배시민? 건강을 위해 모인 동아리에서 선배시민은 또 무슨 말이냐?', '너무 이상적이다' 등 거부감을 표하기도 했고,

---

[1] 2022년부터 건강동아리 진선미와 꽃사슴은 통합 운영되고 있다.

어려워하기도 했다.

그러나 서서히 작은 변화가 시작되었다. 교육에서 그치는 것이 아니라 동아리 노인과 함께 지역사회의 건강, 건강과 관련된 사회적 이슈를 생각해보고 이야기를 나누었다.

'나만 건강하면 가족의 짐을 덜어줄 수 있겠구나'라던 생각이, '나의 건강을 넘어서 우리 사회가 건강해야 모두가 건강할 수 있겠구나'라고 바뀌었다. '나이 들어 돌봄을 받는 노인이 아니라 우리 선배시민이, 후배 세대와 공동체의 건강을 살피는 주체이구나!' 하는 역할 변화도 생각하게 되었다.

선배시민 철학을 배운 노인들은 먼저 건강동아리 선배시민으로서 실천할 수 있는 부분이나 관심 분야를 살펴보았고 캠페인을 해보기로 했다. 거창하고 멋진 실천이 아니더라도 '그래, 시

건강동아리의 주요 활동

동아리 명	우정	진선미	꽃사슴
건강 관심 분야	지역사회 공원 및 체육시설	흡연	미세먼지
실천 주제	시민의 건강한 활동을 위한 지역사회 공원 활성화	흡연자와 비흡연자가 공존할 수 있는 환경 조성	모두가 미세먼지 없는 깨끗한 환경에서 살아갈 권리 찾기
실천 내용	체육시설 및 공원 환경 장단점 조사	주변 흡연 실태 조사	미세먼지 발생 원인 조사 (신문 스크랩, 토론)
구체적인 활동	지역사회 공원 이용 독려 캠페인	후배시민 프리허그이벤트	대중교통 이용 독려 캠페인

도해보자!', '두려울 게 뭐가 있어? 우리가 선배시민인데!' 하는 마음이었다. 종전에는 어떤 활동을 할지 담당 사회복지사가 미리 정하고 노인들은 이를 교육받은 후 운동을 했다면, 이번 캠페인은 건강동아리 선배시민들이 토론을 통해 문제점을 도출하고 주제를 직접 정하는 방식으로 진행했다. 더디더라도 선배시민들이 이야기를 통해 해결점을 찾고 서로의 생각을 들어보며 캠페인을 준비해나갔다.

앞 페이지의 표에서와 같이 동아리별로 건강 관심 분야와 실천 내용은 다르다. 우정 동아리에서는 매주 공원에서 운동을 한다. 우리가 운동하는 공간인 공원이 안전한지, 지역사회 체육시설, 운동기구를 점검하기 시작하였다.

> '주변 환경이 안전해야 시민들이 안전하게 운동할 수 있겠다.'
> 'ㅇㅇ공원은 운동기구가 다양하지 않다.'
> '△△공원에는 운동기구도 많고, 안전하게 정비되어 있는 데 비해 사람이 너무 없다.'
> '우리 지역의 공원이 어디 있는지 모르는 사람이 많다.'

점검 후에는 우리 지역 공원의 장단점을 비교하며, 단점은 개선할 수 있도록 구청 공원 관리과에 의견을 제안하고, 장점은 지역주민들에게 알리기 위해 '지역사회 공원 이용 독려' 캠페인을 진행하였다. 개인의 건강을 위해 시작했던 활동에서 지역사회의 운동하는 공간을 둘러보는 실천으로 확대되면서, 우정 동아리 선배시민 스스로의 역할 변화를 내면화하여 '우리 공간'이라는 단어를 자연스럽게 이야기하게 됐다.

진선미 동아리에서는 후배 세대들의 높은 흡연율에 따른 건강 문제를 탐구했다. 후배 세대들이 담배를 많이 피우는 원인부터 살펴보았다. 담배에는 코카인이라는 중독성 물질이 들어 있다. 이런 중독성 물질은 괴로움과 스트레스를 풀 수 있는 하나의 매개물이다. 그렇다면 후배 세대들이 겪는 괴로움과 스트레스는 무엇일까? 근본적으로 어떤 어려움이 있는지 알아보았다.

진선미 동아리 선배시민들은 언론에서 보도되는 높은 취업 문턱, 스펙 쌓기, 무한 경쟁 사회 등 열심히 공부해도, 아르바이트를 해도 사회 구조적으로 맞닥뜨릴 수밖에 없는 사회문제를 알게 되었다.

캠페인 시작부터 담배는 건강에 해롭기 때문에 '담배 피지 마세요! 흡연하지 마세요!' 하는 식으로 준비하지 않았다. 흡연하는 후배 세대의 현실과 그 상황을 이해하고 공감한다는 의미를 담아 '후배시민 프리허그' 캠페인을 준비했다. 선배시민으로서 후배시민이 건강하게 살아갈 수 없게 만드는 사회 현실을 걱정하고, 어려움을 이해하는 선배시민의 태도로 캠페인을 준비한 것이다.

2018년은 미세먼지 문제에 대한 경각심이 높아졌던 시기이다. 꽃사슴 건강동아리도 미세먼지가 심해서 야외 운동을 중단했었다.

꽃사슴 동아리는 미세먼지를 줄일 수 있는 방법을 고민한 끝에 자동차에서 나오는 매연가스가 미세먼지를 발생시키는 원인이라는 걸 알게 되었다. 지역주민이 대중교통을 더욱 많이 이용할 수 있도록 하는 캠페인을 준비했다. 꽃사슴 선배시민들이 모여 미세먼지로부터 후배시민의 건강을 지킬 수 있는 캠페인 구호와 문구를 직접 정하고 이야기를 나누었다.

미세먼지 없는 깨끗한 세상, 후배시민에게 선물합시다.
작은 실천 하나, 대중교통 이용하기

꽃사슴 선배시민들은 구호가 적힌 현수막을 가지고, 모란 버스정류장과 모란시장을 돌며 함께 구호를 외치고, 후배시민들의 건강을 위한 활동을 시민들에게 알렸다. 이는 나의 건강만을 생각하고, 실천했던 노인들이 후배시민과 공동체의 건강을 생각하고 실천하는 선배시민으로 변화한 첫 번째 도전이었다.

우리 건강만이 아니라 지역사회의 건강까지

우정, 진선미, 꽃사슴 동아리에서는 단편적인 캠페인에 그치는 것이 아니라, 정기적으로 동아리 동료들과 모여 진선미와 꽃사슴은 '환경' 분야에서, 우정은 '안전' 분야에서 복지관이라는 공간을 넘어 지역사회로 나아가 시민의 건강 증진을 위한 실천 활동을 하고 있다.

진선미와 꽃사슴 동아리에서는 미세먼지 발생 원인과 더불어 국가가 환경 정책을 통해 이에 어떻게 대응하고 있는지 살펴보았다. 관련하여 선배시민으로서 해결할 수 있는 방법은 무엇이 있을지 해답을 찾기 위해 직접 미세먼지 정책 토론회에 방문했다. 지역 환경단체 전문가와 함께 일회용품에 쓰인 플라스틱 소각으로 인한 탄소 배출량에 대한 설명도 들었다.

모두가 건강한 사회를 꿈꾸며, 공동체 건강 돌봄을 실천하는 건강동아리의 상상은 끝나지 않았다. 재활용 선별장에 답사를 갔다가 또 하나의 문제가 제기되었다. 성남시 내에 플라스틱을 자원화할 수 있는 업사이클 단체가 없었다.

'플라스틱으로 옷과 가방을 만든다는데⋯.
왜 우리 지역에는 해당 단체가 없을까?'
'우리 지역도 자원순환 마을이 된다면 좋을 텐데⋯.'
'국가에서 지원하면 가능하지 않을까?'

그간 실천했던 경험을 바탕으로 또 하나의 의견이 나왔다. 일상생활에서의 걷기를 독려하는 차원에서 걸음 수만큼 탄소 포인트를 쌓아, 업사이클링 공공기관 구축을 위해 기부하는 형태였다. 이를 통해 자원순환 제품 생산 및 자원순환 선순환 문화를 형성할 수 있도록 목소리를 내고 있다.

우정 동아리에서는 안전의 의미에서부터 고민을 시작하였다. 지역사회 공원 시설, 주변 환경이 안전한지 둘러보며 조사했고, 동아리 선배시민들 스스로는 안전하다고 판단했다. 그런데 나는 안전하다고 생각했던 길이 다른 시민에게도 안전할까? 실험을 해보았다. 직접 보조기구를 활용해 공원을 돌아다니며 경사로가 있고, 언덕이 있는 구간 등을 탐색하였다. 그 전에는 무심코 지나쳤던 구간이 신체가 불편한 시민에게는 불편하고, 위험할 수 있음을 깨달았다. 우정 동아리 선배시민들은 '안전은 시민 누구나 평등하게 보장받아야 할 중요한 권리이구나'라는 생각에 다다랐다.

우정 동아리 선배시민들은 복지관 이용 회원들과 지역주민들이 집에서 복지관까지 오가는 거리를 상상해보며, 안전에 대한 생각들을 함께 나누는 활동을 기획하게 되었다.

'우리 마을은 모두에게 친절한가요?'라는 제목의 이 캠페인은 동아리 활동을 소개하는 차원을 넘어선다. 우리가 안전하고 편하다고 생각했던 구간이 다른 시민들에게는 불편한 여정일 수 있다는 깨달음과 함께 안전에 대한 시민들의 다양한 생각을 들어보고 나누는 참여형 캠페인을 진행하였다. 처음에는 우정 동아리 선배시민들이 학습하고 생각을 나눴던 과정을 다양한 시민들에게 잘 전달할 수 있을지 고민이 되고 부담감이 들었다. 하지만 선배시민들이 직접 상대방의 생각을 들어보고, 시민 모두가 안전해야 한다는 연대의 마음을 함께 나누는 의미 있는 실천 활동이었다.

지금도 건강동아리 선배시민들은 지역사회로 나아가 후배시민과 공동체의 건강을 돌보는 선배시민으로서 공동체의 길을 만들어가고 있다.

선배시민, 세상을 읽다: 미디어 봉사단

우리가 미디어에 주목한 이유

정보화 시대, 노인 세대에서도 정보에 대한 수요와 관심이 커지고 있다. 노인이 독립적이고 생산적인 주체로서 활기찬 노후 생활을 영위하는 데 있어 정보활용 능력은 매우 중요하다.

중원노인종합복지관에서는 정보화 시대에 발맞추어 2013년 '중원알림이 기자단'을 시작으로 '중원방송단', 'ICT Information and Communications Technologies 선도자'라는 미디어 봉사단을 만들었다. 사회는 다양한 미디어의 발달과 정보화로 변화하고 있으나, 대다수 노인은 휴대폰이나 현금자동인출기 사용조차 어려워한다. 이에 따라 디지털 기기 사용법을 배우거나 혹은 가르치는 재능기부를 할 수 있는 미디어 봉사단을 만들게 된 것이다.

미디어 봉사단 초창기에는 방송, 보도, 영상 분야의 재능을 활용하여 복지관 회원에게 복지관의 소식을 알릴 수 있는 관내 점심방송, 관내 행사 취재 및 영상 제작 활동을 이어갔다. 교육 내용으로는 영상 제작, 시나리오 작성 방법, 미디어 활용 방법 등 미디어 기술을 향상시킬 수 있는 전문적인 강의 위주로 진행하였다. 개인의 역량을 활용한 재능기부 활동에 초점을 맞추어 노인의 사회참여를 준비하는 과정으로 봉사단을 운영한 것이다.

미디어로 지역사회와 연결되다

몇 년간 복지관 내에서 재능기부 봉사를 하던 어르신들

은 간담회에서 본인의 역량을 키우기 위해 지역사회로 나가보고 싶다는 의견을 표하였다. 이 의견을 반영하여 2016년, 어르신들은 성남미디어센터와 연계해 지역방송에 출연하게 되었다.

> 새로운 경험이었어요. 다른 방송단 활동도 보고, 여러 사람들 앞에서 방송을 하니 재미있고 신선했어요.

이 경험은 어르신들의 활동 영역을 복지관에서 지역사회로 넓히고, 미디어를 매개로 봉사단을 조직할 수 있는 기반이 되었다. 이에 중원알림이 기자단, 중원방송단, ICT 선도자는 지역사회로 나가 미디어로 소통하는 봉사단으로 나아가고자 'JWBC JoongWon Broadcasting Comunity'라는 하나의 이름으로 조직되었다.

그리고 2016년, JWBC를 복지관에 알리고자 제1회 방송제를 개최하였다. JWBC를 알리는 보이는 라디오, JWBC 제작 영상 상영, 다양한 체험활동 등이 열렸다.

> JWBC가 복지관에서 크게 한 행사라 너무 기뻤어요. 하지만 우리만의 행사인 것 같아서 속상했어요. 지역주민들, 그리고 복지관 회원들도 참여할 수 있는 방송제로 성장했으면 좋겠습니다.

제1회 방송제 평가회에서 한 어르신이 한 이야기다. 선배시민들은 재능기부에서 그치거나, 지역사회에 일방적으로 정보를 전달하는 것이 아닌 함께 소통하는 활동을 희망하였다. 그러던 중, 2018년에 JWBC의 한 어르신이 담당 사회복지사에게 말하였다.

> 우리 복지관이 성남시 구도심에 있잖아요. 그러다 보니까 신도심 분당에 비해 아이들이 즐길 공간이 없는 것이 너무 아쉽더라고요. 그리고 너네 때문에 우리가 못 산다면서 세대 갈등이 계속 심해지는데, 아이, 청년, 노인이 문화를 함께 즐길 수 있는 공간이 성남동에도 있었으면 좋겠어요. 근데 고민만 될 뿐, 내가 무얼 할 수 있을지는 모르겠습니다.

이 고민을 시작으로 JWBC는 개인의 미디어 역량 강화를 넘어 선배시민에 관한 교육을 듣기 시작하였다. 처음에는 과거 본인들이 경험했던 힘든 상황이 떠올라 선배시민이라는 용어 자체를 거부하기도 했다. 하지만 시간이 흐를수록 본인들이 JWBC에서 하고 싶은 활동이 선배시민으로서의 역할임을 자각하게 되었다.

> 우리의 재능인 미디어를 이용해서 성남동에 문화 공간이 부족하니, 이를 해결해달라는 영상을 만들어봅시다! 우리 후배시민들은 다양한 문화를 누릴 수 있었으면 좋겠어요!

선배시민 교육을 통해 JWBC는 다음 표와 같이 미디어를 매개로 지역사회와 소통하고, 돌보는 활동으로 옮겨가기 시작하였다. 그리고 JWBC 공동으로 진행하는 성남동 문화 커뮤니티 발굴 프로젝트 '신新모란여지도'가 탄생하게 되었다.

JWBC의 주요 활동

봉사단 명	활동 내용
중원알림이 기자단	복지관 소식과 지역사회 이슈를 기사화하여 복지관 회원 및 지역주민에게 정보 전달
중원방송단	점심방송 및 지역방송을 통해 복지관을 홍보하고, 지역 및 세대 간 소통
ICT 선도자	선배시민의 삶을 기억하는 영상 자서전 제작
신모란여지도 프로젝트	1·3세대가 함께 선배시민을 학습하고, 지역문제에 대해 토론한 후 공익 영상물을 제작하는 권리형 자원봉사 실천
방송제	지역문제를 공론화하는 지역 축제 개최

또한 후배시민과 함께 활동하면 시너지를 얻을 수 있겠다는 선배시민들의 의견을 반영하여 신모란여지도에 함께 활동하는 성남동 '위아더원 서포터즈' 1기 대학생을 조직하였다.

2018년에는 성남동 위아더원 서포터즈 1기와 함께 성남동에 숨겨진 문화 커뮤니티 공간을 발굴하고, 2019년에는 문화 커뮤니티 공간을 활성화하기 위한 방안을 영상으로 제작하였다. 2020년에는 코로나19로 인한 사회적 위험에 따른 사회문제를 다룬 영상을 만들고, 2021년에는 세대 소통을 주제로 청년과 노인의 사회적 위험을 해결할 수 있는 방안을 담아 영상을 제작하였다. 그리고 2022년에는 세대 소통이 이루어지기 위해서는 서로를 이해하려는 태도와 자세가 필요하다는 내용의 영상을 제작하였으며, 2023년 현재는 지역사회에 다양한 세대 소통이 이루어지고 있거나 이루어질 수 있는 커뮤니티 공간을 영상으로 담는 활동을 이어가고 있다.

이 과정에서 JWBC는 선배시민 활동을 사회적으로 인정받기 시작하였다. 2018년 한국노인종합복지관협회에서 우수 프로그램으로 선정되었고, 2019년 경기마을미디어축제에서 우수 공동체로 상을 받았다. 그리고 공익 영상 제작에 그치는 것이 아닌 후배시민과 함께 '청년에게 일자리를! 노인에게 정보 격차 완화를! 지역사회에는 소통의 활성화를!'이라는 내용을 담아 정책 제안도 하며 공동체의 일원으로서 목소리를 내었다. 그 결과, 2021년 성남시 인구정책 아이디어 공모전에서 장려상을 수상하였으며, 제15회 노인자원봉사대축제에서 보건복지부장관상까지 수상하였다.

미디어 활동으로 퍼져나가는 선배시민 철학

JWBC 차원의 연합 활동은 물론 중원알림이 기자단, 중원 방송단, ICT 선도자 각자의 특성을 살린 개별적인 선배시민 활동도 활발히 진행하고 있다.

중원알림이 기자단은 코로나19로 인한 지역 상가의 어려움을 듣고, 같은 시민으로서 응원하는 지역상가 인터뷰를 시작했다.

어르신들께서 저희 상인들의 이야기에 귀 기울여주시고, 응원해주실 때 감사하죠. 그리고 저희 상가가 복지관 월간소식지에도 실린다니…. 홍보 효과도 있고 좋죠!

또한 중원알림이 기자단은 코로나19로 인한 음식 배달 횟수 증가에 따른 일회용품 사용량 증대, 마스크 품절 대란 등 각종 사회문제에 대해 비판적인 시각으로 칼럼을 쓰는 활동도 이어가고 있다.

중원방송단은 성남FM, TBS 〈우리동네 라디오〉에 출연하며 사회문제를 주제로 마을 미디어 활동가로서 실천하고 있다. 활동 주제로는 후배시민의 입시, 경쟁을 유도하는 교육 환경, 취업과 결혼, 육아에 대한 어려움으로 그들을 인생의 선배로서 응원하였다. 더 나아가 시민의 관점에서 이러한 문제를 개인과 가족의 책임이 아닌 사회 구조적인 문제로 바라보아야 한다는 메시지를 전달하였다.

> 라디오를 듣는데 어르신들의 목소리가 너무 편안해서 놀라고, 우리 청년들의 입장을 최대한 생각하며 응원해주는 말에 한번 더 놀랐어요.

또한 중원방송단은 코로나19로 더 심각해진 정보화 격차가 디지털 기기를 다루지 못하는 개인의 문제가 아닌 사회 구조적인 문제, 본질적으로는 자본에서 시작된다는 메시지를 전달하기도 하였다.

ICT 선도자는 선배시민의 영상 자서전을 제작함으로써 건강,

미디어, 문화 등 다양한 분야에서의 선배시민 가치와 활동을 기록하고, 자손들에게 전달하는 의미 있는 활동을 이어가고 있다.

> 우리 할아버지가 복지관을 너무 재미있게 나가셔서 어떤 활동을 하나 궁금했어요. 영상을 보니까 그 궁금증이 해소되었어요. 그리고 우리 할아버지가 우리 사회를 위해 공부하고 정책 제안까지 하는 모습을 보고 놀랐어요. 역시 우리 할아버지 멋져요!

JWBC 방송제의 모습도 변화하였다. 기존에 JWBC 참여자만의 축제, 성과 보고 차원에서 운영되었다면, 이제는 지역주민도 함께 참여하고 즐길 수 있는 주민 참여형 공모전도 기획하고, 다양한 세대가 소통하고 나눌 수 있는 체험존, 보이는 라디오 등을 구성하며 지역 축제로 자리매김하고 있다.

3. 후배시민과 함께하는 선배시민

노인, 선배가 되다

　중원노인종합복지관에서는 노인에 대한 인식이 복지의 수혜자에서 돌봄의 주체로 변화할 수 있도록 노력하고 있다. 이는 노인이 항상 도움을 받아야 하는 것이 아니라 사회에 나가 목소리를 내고 누군가를 위해 힘쓸 수 있는 존재라는 의미다. 즉, 노인이 사회의 멘토가 되는 것이다.

　중원노인종합복지관에서는 '그루터기'라는 봉사단이 운영되어 왔다. 그루터기는 초목을 베고 남은 밑동, 뿌리그루이다. 즉, 노인이 청소년에게 그루터기 같은 멘토가 되자는 의미를 담고 있다. 이 봉사단은 2010년 징계청소년 문제 재발 예방 프로그램인 'I can, You can'으로 시작되었으며, 현재는 성남시교육청 Wee센터 특별교육 이수 기관으로 선정되어 멘토링 활동을 이어가고 있다.

　일반적으로 멘토링은 기업, 행정, 종교, 교육, 간호, 스포츠 등 여러 분야에서 활발히 이루어지고 있다. 특히 학생 지도 분야에서 멘토링은 생활 만족, 학교 적응, 자아 회복 등과 같은 정서 안정에 긍정적인 영향을 미친다고 알려져 있다. 청소년에게 멘토링은 지식을 학습하는 것을 넘어 사회를 바라보는 관점을 넓혀 학교 또래 관계, 가족 관계를 포함한 사회 인간 관계의 질을 향상시키는 효과를 발휘할 수 있다는 것이다.

청소년 멘토링이라고 하면 청년(멘토)과 청소년(멘티)의 형태가 일반적이다. 왜 노인(멘토)과 청소년(멘티) 간의 멘토링은 드물까? 많은 경험과 삶의 경륜이 묻어나는 지혜는 노인이 1등일 텐데 말이다. 그 이유는 노인과 청소년이 소통이 될까라는 의문과 함께 이들 사이를 50년 이상의 시간이라는 장벽이 가로막고 있다고 생각하기 때문이 아닐까. 하지만 아프리카 속담에 '노인은 도서관이다', '노인 한 명이 죽으면 도서관 하나가 사라지는 것과 같다'라는 말이 있듯이 그루터기 선배시민들은 지역의 도서관이자 선배시민으로서 세대 장벽을 넘어, 청소년의 입장에서 존중해주며 노인도 멘토가 될 수 있음을 증명하고 있다.

넌 그 자체로 소중한 사람이야

모든 것이 급변하는 현대사회는 갈수록 경쟁이 치열하고, 이웃과 가족 간의 만남과 끈끈함이 크게 줄고 있다. 자본주의의 무한 질주 속에서 발생하는 문제들을 개인과 가족의 책임으로 여기는 관점이 강화되면서 개인 이기주의가 심각해지고 있다. 그 안에서 자라나는 아이들에게 중요한 학습은 무엇일까? 경쟁사회에서 살아남기 위해 생존력을 강화하는 것만 무조건 강조하고 있는 것은 아닐까?

어르신께서 넌 그 자체로 소중한 사람이라면서 저를 안아주셨어요. 그 순간 가슴이 따뜻해지면서 나를 믿어주는 사람이 있다는 것에 감사함을 느꼈어요.

그루터기 봉사단 멘토링 프로그램에 참여한 한 학생의 마지막 날 소감이다. 이 학생은 잦은 지각을 이유로 사회봉사를 명령받아 우리 복지관에 왔다. 처음에는 의욕 없는 표정과 말투로 프로그램 참여에도 소극적이었다. 그러던 중 마지막 멘토링 시간에 선배시민은 학생을 안아주며 이 말을 건넸다.

잠을 제대로 못 잤구나. 네가 지각을 하여 사회봉사를 명령받은 것은 너의 잘못이 아니야. 힘들었을 텐데 사회봉사 기간 동안 다 나와줘서 고맙고, 너의 강점을 살려서 건강한 어른이 되기를 바란다. 나는 널 믿는다.

이 학생은 아버지와 단둘이 살고, 밤에는 아르바이트를 하며 본인의 용돈과 생활비를 벌고 있었기에 잠이 부족하였다. 선배시민은 학생의 지각을 개인의 게으름 탓으로 보지 않고, 이 학생이 지각할 수밖에 없는 환경과 사회 구조를 이해하고 품어준 것이다. 그루터기 활동은 노인에 대한 인식을 개선했을 뿐 아니라 청소년 자신이 학교와 사회에서 부적응자이기 이전에 한 명의 시민임을 인식할 수 있도록 하였다.

우리가 꼰대가 된 이유

현재 그루터기 봉사단의 슬로건은 '모든 청소년이 건강한 시민으로 성장하길 바란다'로 선배시민의 철학을 담고 있다. 하지만 초기 그루터기 봉사단은 '아이들을 바른 길로 가르쳐야 한다'는 선도 목적이 강하였다. 그 이유는 무엇이었을까? 한국 산업화 초창기에는 개인의 노력으로 집을 장만하고 가족을 돌볼 수 있는 환경이었으며, 독재정치가 장기화되면서 시민으로서 인간다운 삶의 권리를 누리기보다는 국민으로서 국가에 헌신하는 의무를 당연시하였다. 그 시대를 겪은 노인은 '가난한 것과 무지한 것은 개인과 가족 탓이요, 가난은 나라도 구하지 못한다'라는 인식을 갖고 있었다. 그루터기 봉사단 선배시민들도 처음에는 학생들에게 '네가 노력해야 한다', '공부해야 한다', '명문대 가야지' 등의 조언을 하곤 했다.

이런 말을 들었을 때, 학생들은 어떤 생각을 했을까? '우리 상황을 알지도 못하면서… 역시 꼰대다'라며 노인은 말이 안 통한다는 생각을 안고 학교로 돌아갔다. 선배시민들도 크게 다르지 않았다. 학생들의 무반응, 꼰대라는 눈빛과 표정을 보고 '내가 멘토에 소질이 없나 보다'라며 자신감을 잃었다. 그루터기 봉사단 선배시민들도 '꼰대라는 말을 듣고 싶지 않아. 그런데 학생들이 우리의 말을 제대로 들어주지도 않고, 선도하려 해도 잘 따라와 주지 않는데 어떡하라는 거야. 너무 속상해'라며 담당자에게 고민을 털어놓았다.

꼰대에서 선배로

그 고민을 시작으로 그루터기 봉사단은 담당자와 참여자가 함께 자신들의 활동에 선배시민 철학을 담고자 노력하였다. 그리고 학생들에게 발생하는 문제를 개인이 아닌 사회 구조적으로 이해하며 관점을 넓히기 시작하였다. 선배시민을 학습하고, 프로그램 체계를 바꾸는 과정에서 선배시민 철학을 거부하거나 여전히 청소년을 선도하는 방식을 희망하는 선배시민도 있었다. 이에 참여자들의 의견을 반영하여 천천히 나아갔다. 기존에는 '자기 인식→자기 수용→자기 개발'을 통해 개인의 발전을 도모했지만, 개인과 사회는 '자아 인식→자신 및 타인 수용→공동체 속의 나'로 상호작용하는 관계이며, 시민사회 속의 구성원인 본인이 시민임을 자각할 수 있도록 하는 데 주력하였다. 그 결과, 그루터기 봉사단 멘토링 프로그램의 목표가 '청소년들이 건강한 시민으로 성장할 수 있는 울타리를 조성하자'로 변하였다.

이들은 선배시민 개인의 재능을 매개로 청소년들과 소통하는 프로그램을 기획하였다. 단편 동화를 함께 읽고 서로의 생각을 나누거나 난타를 함께 공연하며 스트레스를 해소하고 본인의 감정을 이해하였다. 또한 서로의 캐리커처를 그리며 개성을 이해하고 플로깅을 하며 환경을 보호하는 등 멘토링을 진행하는 과정에서 흥미롭게 활동할 수 있는 다양한 장을 마련했다.

나아가 그루터기 봉사단은 2021년 경기도교육청에 '흔들리는 꽃들 속에서 네 시민성이 느껴진 거야'라는 제목의 청소년 특별 교육 정책을 제안하였다. 이 정책은 특별교육 교육 과정에 기존

그루터기 봉사단의 멘토링 프로그램

영역	주제	활동 내용
자아 인식 (1회기)	자신에 대한 긍정적인 자아상 갖기	1. 일정 소개 및 활동 주의사항 안내 2. 프로그램 사전 설문 검사 • 활동: 셀프 리더십(self leadership) 교육 - 내가 꿈꾸는 나의 미래 - 내가 꿈꾸는 나의 인생 - U&I 진로 탐색 검사
자신 및 타인 수용 (2, 3회기)	자신 및 타인에 대한 이해와 수용, 존중과 배려	1. 자신의 부적응 문제 행동에 대해 인식하기 - 폭력, 흡연, 술, 학습 부진, 이성 문제, 대인 관계 등 - 청소년 금연 교실 - 해당 주제를 선정하여 의뢰 학생 프로그램 진행(척도지 진행 및 상담) 2. 자신의 감정 알아차리기 - 건강한 자기 감정 표현 - 타인에 대한 이해와 존중 • 활동: 인성 교육 - 단편 동화, 시, 난타, 서예, 다도를 통한 인성 교육
공동체 속의 나 (4, 5회기)	공동체 주체로서의 자아 인식과 실천	1. 올바른 가치관 형성을 위한 민주시민 교육 - 시민의식 교육 - 공동체 속의 나 2. 프로그램 사후 설문 검사 • 활동: 인성 교육 - 캐리커처, 남한산성 걷기를 통한 인성 교육

심리 상담, 진로 탐색 프로그램 외에 민주시민 교육을 필수 과목으로 지정하도록 하는 내용이다. 그루터기 봉사단은 후배시민과 공동체를 돌보는 선배시민의 권리형 실천으로 청소년을 위한 포괄적 지원 활동을 이어가고 있다.

너랑 나랑은 같은 시민이야

중원노인종합복지관에서는 2018년부터 공동체 의사소통 증진을 위한 세대 통합 프로젝트인 '소리통'을 운영하고 있다. 이 프로그램은 사회문제를 자각하며 학습하는 자리에 1세대인 선배시민, 2세대인 후배시민, 3세대인 새싹시민이 함께한다는 데에 큰 의미가 있다.

그게 될 것 같아?

노인복지관에서 전 세대를 아우르는 프로그램 진행이 가능할까? 오늘날 세대 갈등은 심각한 문제로 대두되고 있다. 2021년 사회통합실태조사에서 응답자의 55.5%가 우리 사회 세대 갈등의 심각성에 동의했다. 특히 세대 간 소통에 어려움을 느끼는 정도는 노인층보다 청·장년층이 더 심한 것으로 조사됐다. 2019년 같은 조사에서 40.4%의 노인층이 세대 간 소통이 어렵다고 답한 데 비해, 청·장년층의 응답 비율은 90.0%에 달했다. 2021년 세대인식조사에서는 청년층의 84.0%가 세대 갈등이 심각하며, 46.0%가 향후 세대 갈등이 심각해질 것으로 예상했다.

이처럼 다양한 조사 결과에서 세대 갈등을 심각하게 인식하고 있음을 확인할 수 있었다. 이에 1·2·3세대가 서로를 이해하고 소통하는 가운데 성숙한 토론문화를 습득할 수 있는 소리통 프로그램을 운영하게 된 것이다.

그럼에도 주변에서는 전 세대가 함께하는 프로그램 운영은 노인복지관과 맞지 않으며, 각 세대의 생활 패턴이 다르기 때문에 일정을 조율하기도 어려울 것이라는 염려가 컸다.

어라, 되네!

소리통은 1·2·3세대 각각의 일정에 맞춘 세대별 학습동아리를 운영하였으며, 세대가 함께 소통하는 토론회는 상·하반기에 1회씩 개최하였다. 초기에는 인권, 사회적 차별 등 사회문제를 중심으로 토론을 진행하였으나, '부담없고 재미있게 프로그램에 참여하고 싶다'는 참여자들의 의견을 점차 반영해나갔다. 이를 바탕으로 소리통은 2023년 현재 1세대는 사진으로, 2세대는 영화로, 3세대는 동화책으로 세대별 흥미로운 매체를 활용하여 학습동아리를 운영하고 있다.

그 결과 다른 세대를 이해하고 사회 구조를 바라보는 참여자들의 관점이 확장되기 시작하였다. 2021년 소리통에서는 '코로나19로 변화된 시민의 삶'이라는 큰 주제를 두고 1세대는 디지털 정보 결핍, 2세대는 가족 돌봄, 3세대는 교육 양극화라는 세부 주제로 학습한 후 세대별 50명씩 총 150명을 대상으로 실태조사를 진행하였다. 세대 공통 질문이었던 '코로나19 발생 이후, 현재 일상생활 혹은 미래에 불안감을 느끼고 있느냐'는 질문에 전 세대 응답자 131명 중 89.4%(117명)가 불안감을 느끼고 있다고 응답하였으며, 전체 응답자 150명 중 95.5%(94명)가 현재 한국은 모든 시민이 차별받지 않고, 평등한 삶을 살아갈 수 있는 환경이 조성되어 있지 않다고 응답하였다.

"실태조사 결과가 너무나도 무서웠어요. 할아버지, 그리고 언니, 오빠들도 코로나19로 어려움을 겪고 있다는 사실에 우리 사회가 안전하지 않구나라는 생각이 들었어요."

"고용 실패는 개인의 문제라고만 생각했는데, 코로나19를 겪으면서 개인이 노력해도 안 되는 것이 있구나를 뼈저리게 느꼈습니다."

"코로나19가 심각해지면서 비대면 생활이 보편화됐잖아요. 코로나19 전에도 핸드폰을 잘 못 만져서 어려웠는데 더 살기 어려워졌어요. 죄다 핸드폰으로 사용하라는데… 할 줄 알아야지. 사회가 급격하게 바뀌고, 다 돈이 되는 것만 생겨나는데, 우리처럼 디지털 기기 사용이 어려운 사람들을 위한 제품들을 만들어주겠느냐고요.. 그리고 가족 부양에 일까지 해야 하는 청년들을 보면, 부모 재산에 따라 교육 환경이 달라지니 그것도 참으로 안타까워요."

이를 통해 모든 세대가 현재 한국 사회가 안전하지 않으며, 사회적 안전망 조성이 필요하다고 인식하고 있음을 확인할 수 있었다.

우리는 같은 시민

소리통에서는 선배시민과 함께하는 지역 토론회와 미니 토론회를 열어 서로를 시민으로 바라보며, 각자 살아온 시대에 대한 이해를 바탕으로 여러 세대가 함께 사회문제 해결을 위해 실천할 수 있는 방안을 모색했다.

여기서 중요한 것은 서로를 존중하는 태도였다. 이에 토론회 시작에 앞서 소리통 참여자들은 「소리통 토론 선언문」을 낭독했다.

> **소리통 토론 선언문**
>
> 오늘 세대 공감 지역 토론회에 참여한 1세대, 2세대, 3세대 시민 일동은 차이가 편안하게 드러나는 소통의 광장을 꿈꾸며 다음과 같이 선서한다.
>
> 하나. 소통하는 공동체를 꿈꾸는 1세대는 공동체의 다양한 의견을 경청하고, 후배시민의 삶의 경험을 존중하며, 후배시민과 새싹시민을 공동체의 소중한 일원으로 인정한다.
>
> 하나. 소통하는 공동체를 꿈꾸는 2세대는 선배시민과 새싹시민의 다양한 의견을 경청하고 존중하여, 다양한 상상이 공존할 수 있는 공동체 문화 정착에 힘쓴다.
>
> 하나. 소통하는 공동체를 꿈꾸는 3세대는 선배시민의 삶의 경험과 헌신을 존중하고, 선배시민의 지혜를 바탕으로 보다 나은 공동체를 위한 소통에 적극 동참한다.

이후에는 기조 강연을 듣고, 원탁 토론을 진행했다. 소리통은 2018년에는 인권, 2019년에는 사회적 차별, 2020년에는 권리형 나눔, 2021년에는 코로나19로 변화된 시민의 삶, 2022년에는 사회적 불평등을 주제로 활동하였다.

토론회 진행 후 참여자들의 소감을 보면 세대 소통의 중요성을 자각한 경우가 많았다.

- 1세대

"모든 것을 다 아는 사람은 세상에 없고 모든 것을 다 모르는 사람도 세상에 없다라는 말처럼 겸손하게 공감하고 소통하는 자세가 필요하다고 생각해요."

"나 자신도 누릴 수 있는 권리가 있다는 것을 알았고, 다른 사람들에게 나눔을 줄 수 있다는 것도 알게 돼서 의미 있는 시간이었어요."

"1세대에 대한 고정관념인 '꼰대'의 태도를 버리고 후배시민들의 목소리를 듣고, 젊은 사람들은 어른 세대들의 고충을 들으며 서로의 상황을 이해하게 된 시간이었다고 믿어요."

"보다 보람된 여생을 위하여 후배시민을 위한 나눔 활동을 하고 싶다고 생각했어요."

- 2세대

"어르신의 말이라고 하면 가부장적인 꼰대들의 생각일 것이라고만 예상했는데 의외로 타당한 이유와 생각이 있었어요. 그리고 무엇보다 젊은 세대들의 사정을 안다는 것에 놀랐어요."

"세대별로 겪고 있는 어려움을 함께 털어놓았으며 위로도 받고 공감할 수 있었던 시간이었어요. 잊고 있었던 소통의 소중함을 느꼈고요. 세대별로 느꼈던 불평등이 하루 빨리 해소되기를 바랍니다."

- 3세대
"나눔에 대해 다시 한번 생각해보게 되었어요. 소리통 교육을 통해 진정한 나눔과 내가 생각했던 나눔의 차이를 깨닫고 다양한 실천을 계기로 그 의미를 느꼈습니다. 그리고 1·2·3세대가 함께하는 활동도 새로운 경험이었어요."
"각 세대가 겪고 있는 상황에 대해 토론하며 내가 알지 못했던 선배시민의 현재 상황을 알고 나의 고민도 나눌 수 있어서 의미 있는 시간이었어요."
"할머니, 할아버지와 나눔에 대해 같이 이야기할 수 있어서 좋았습니다."

소리통은 1·2·3세대가 공동체를 위한 목소리를 내는 시민임을 자각하고, 서로 다른 시대를 경험한 데서 오는 차이를 존중하는 태도와 자세를 학습할 수 있는 특별한 프로그램이다. '노인복지관에서는 노인복지만 하면 된다'라는 편견을 깬 소리통은 2021년 성남시 어버이날 기념 우수 프로그램으로 표창을 받으며 세대 통합 프로그램으로 인정받았다. 소리통은 노인복지관이 지역사회와 연대하고 소통하는 공간이 되기 위해서는 선배시민 양성에 그칠 것이 아니라 후배시민 양성에도 힘쓸 필요가 있음을 보여주었다.

4. 선배시민, 지역사회로 나아가다

앞서 소개한 건강동아리, 미디어 봉사단, 세대 통합 활동은 모두 선배시민으로서의 자각을 바탕으로 지역사회로 활동 범위를 넓혀나갔다. 선배시민들은 지역사회 속으로 들어가기 위해 준비와 학습을 지속적으로 하며, 다양한 형태로 복지관 밖에서 자기 목소리를 내고 있다.

선배시민을 위해 모이다

중원선배시민위원회의 탄생

선배시민 사업이 처음부터 많은 사람의 참여로 진행된 것은 아니다. 모든 사람의 동의를 받지 못한 채 불평과 불만 속에 시작되었지만, 선배시민 철학을 현장 사업에 녹여 꾸준히 실천하고자 노력한 덕분에 자리를 잡을 수 있었다.

2012년부터 이어온 중원노인종합복지관의 선배시민 사업은 선배시민 대학을 계기로 권리형 자원봉사 활동을 하는 선배시민 동아리가 본격화되었다. 선배시민 사업은 한국노인종합복지관협회 차원으로 확산되어, 2018년부터 선배시민 자원봉사단이 운영되고 있다. 이에 따라 2022년 전국 318개 노인복지관, 11,000명의 노인이 선배시민 자원봉사단으로 참여하고 있다.

중원노인종합복지관은 2021년부터 복지관에서 운영되고 있는 학습동아리 활동을 지원하는 '중원선배시민위원회'를 조직하였다. 선배시민의 역사를 보존·기록하고 사업의 양적 확대를 넘어 질적 발전 방안을 연구하며, 선배시민 조직화의 모범 사례를 발굴하고 지역사회에서 선배시민의 활동 영역을 확장하기 위해서다.

중원선배시민위원회에 참여하는 선배시민은 우리 사회의 선배이자 시민으로서 자신은 물론 후배시민을 위해 함께 소통하며, 지역사회 문제에 관심을 갖고 공동체를 돌보는 노인이다. 중원노인종합복지관은 이 위원회를 통해 선배시민 동아리가 공동체를 위한 목소리를 낼 수 있도록 지원하고 있다.

중원선배시민위원회에는 19개 선배시민 학습동아리가 모두 참여한다. 이들은 동아리 차원의 개별 활동은 물론, 중원선배시민위원회를 통해 연합으로 할 수 있는 활동을 함께 고민하고 실천하고 있다.

인문학을 통한 사회권 바라보기

중원노인종합복지관에서는 '저자와의 만남'을 통해 인문학 학습을 진행해왔다.

선배시민 대학을 진행하며 노인들이 인문학에 대한 욕구가 높음을 알게 되었다. 이에 노인 문제를 사회적 맥락에서 이해하고 공동체가 나아갈 방향에 대해 적극적으로 고민하고 이야기 나눌 수 있는 장으로 저자와의 대화를 진행하고 있다. 선배시민 철학에 걸맞은 주제를 다루거나 노인이 주체로 등장하는 책을 집필한 저자와의 만남을 통해 집필 과정에서 중요하게 생각했던 것이 무엇인지, 독자에게 전달하고자 하는 메시지는 무엇인지에 대해 토론하는 방식이다.

저자와의 만남 첫 해인 2020년에는 공동체 돌봄에 관한 도서를 매개로 하여 선배시민 인문학 입문 과정을 기획했다. 코로나19를 주제로 공동체 현안에 관하여 고찰하고, 선배시민 철학을 간접적으로 논의할 수 있는 도서를 선정하였다. 또한 지역사회 유관 기관 홍보를 통하여 우리 복지관 회원뿐만 아니라 지역주민, 타 지역 노인복지관 노인이 참여하도록 하였다. 저자와의 만남을 선배시민 대학에 도입함에 따라 이론 교육 중심에서 벗어나 도서를 매개로 한 질의응답을 통해 공동체 돌봄 문제에 관한 문제의식을 확립할 수 있었다.

2021년에는 '나이만큼 행복해지는 삶에 관하여'라는 부제로 노후 준비를 주제로 한 도서를 선정하여 저자와의 만남을 진행하였다. 노후 문제는 누구나 관심을 가질 만한 주제여서 지역주민의 참여를 이끌기에도 좋았다.

2022년에 진행된 저자와의 만남에서는 노년기 생애 주기에 초점을 맞춰 선배시민, 노인 빈곤 등 다양한 주제를 살펴보았다. 이를 통해 문제 해결에 초점을 둔 참여자도 있었고, 자신의 경험을 떠올리거나 생애사 인터뷰에 관심을 두는 참여자도 있는 등 주체적인 생각과 토론을 할 수 있는 기회가 되었다.

지역사회 속으로

권리형 청소년 자원봉사 학교

선배시민 철학은 노인복지관 내부에 머물러 있던 청소년 자원봉사의 시선을 지역사회로 확장하였다. 중원노인종합복지관은 2018년부터 '청소년 자원봉사 학교'를 열고, 1세대와 3세대가 함께 지역사회의 현실을 살펴보고 이를 개선하기 위한 실천을 모색할 수 있도록 하였다. 권리형 자원봉사를 통해 세대 간 소통과 지역사회 참여를 경험할 수 있도록 한 것이다.

지금까지 노인복지관에서의 청소년 자원봉사 활동은 청소년들의 노인에 대한 기본적인 이해를 제고하기 위한 노인 체험 활동이나, 배식 봉사, 설거지, 밑반찬 배달 등 돌봄이 필요한 노인을 위한 자선형 자원봉사 활동이 대부분이었다. 그러나 중원노인종합복지관은 선배시민 철학을 기반으로 권리형 자원봉사에 대해 교육하고 토론을 통해 지역사회의 문제와 해결 방법을 생각하고 실천 활동으로 이어나갔다.

한 후배시민은 "우리 지역사회의 문제는 개인을 넘어 사회 구조적인 관점에서 접근해야 함을 배울 수 있었다"라고 말했다. 또 다른 후배시민은 "도움이 필요한 사람에게 도움을 주는 활동만이 자원봉사인 줄 알았는데, 지역사회와 공동체를 위한 캠페인도 자원봉사에 포함된다는 사실을 알게 되었다. 이번 캠페인을 계기로 지역사회를 탐구하는 활동도 재미있을 수 있음을 깨달았으며 앞으로 더욱 다양한 실천을 해보고 싶다"라고 말했다.

힘내라 시리즈를 시작하다

선배시민들은 선배시민 철학에 대한 이해를 바탕으로 지역사회로 나아가기 시작했다. 중원노인종합복지관은 지역사회의 일원으로서 지역주민들과 함께하고자 '힘내라' 시리즈를 운영하였다.

첫 번째로 2018년에는 '힘내라 청춘들'이라는 이름으로 복지관 내 노인 일자리 동아리인 '카페지음'에서 바리스타로 활동하는 선배시민들이 지역 내 대학생들의 학업으로 인한 스트레스와 교우 관계 등의 어려움에 관해 들어주고 이들을 응원하기 위해 커피 나눔 캠페인을 열었다. 커피를 나누는 경험이 서로에게 힘이 되었다는 반응이었다.

"미래를 이끌어나갈 학생들에게 용기와 희망을 주기 위해 활동에 참여했는데, 감사함을 표현하는 학생들에게 오히려 응원을 받은 것 같습니다."

"노인을 사회적 약자로 보고 도와줘야 하는 대상으로만 생각했었는데, 이번에 제 이야기를 들어주시고 인정해주시는 모습에서 용기를 얻어가는 것 같아서 감사합니다."

"어르신들과 소통할 수 있는 시간이 되어 의미 있었습니다.
노인 일자리도 더욱 늘어났으면 좋겠어요."

두 번째 힘내라 시리즈는 앞서 소개한 그루터기 봉사단이 벌인 '힘내라 샛별들' 캠페인이다. 그루터기 봉사단은 2021년 지역 내 수능을 앞둔 학생들을 대상으로 지역사회의 후배시민을 응원하고 선배시민과 후배시민 간 소통의 기회를 마련하고자 이 캠페인을 진행하였다. 캠페인에 참여하는 선배시민들은 청소년들에게 나누어줄 응원 선물과 메시지를 준비하여 수능 예비소집일에 복지관 인근 고등학교를 찾아가 응원하였다. 이 캠페인의 슬로건은 '힘내라 샛별들! 앞으로 더 빛날 너의 미래를 응원할게!'이다. 수험생만을 응원하는 것이 아니라, 청소년 모두가 존재 그 자체로 응원받는 것이 당연하다는 메시지를 전달하는 시간이었다.

우리 먹거리와 모두의 안녕을 위하여

중원노인종합복지관이 2012~2019년 벌인 '꿈-Green봉사단' 사업은 당초 복지관 내 텃밭을 개인에게 분양해 노인들의 건전한 노후 생활을 지원하기 위한 프로그램이었다. 사업을 거듭하면서 노인 개인의 여가 활동을 지원하는 수준을 넘어 지역사회에 기여하는 방안이 무엇이 있을지 고민하게 되었다. 그 결과 지역 내 유휴지 가드닝 활동을 통한 지역사회 환경 개선, 텃밭 수확물을 통한 지역사회 나눔 활동을 목표로 하는 선배시민 자원봉사단 '중원농부'가 2022년 출범하였다. 농사나 원예 경험이 있는 선배시민들이 중심이 되었고, 전문가로부터 텃밭 및 가드닝 활동에 대한 이론 및 실습 교육도 받았다.

중원농부 단원들은 텃밭을 일구며 '내가 먹을 것을 내 손으로 기른다'에서 '내가 길러 수확물이 필요한 사람들과 나눈다'로 생각이 변화하는 과정을 체험했다. 중원주간보호센터, 함께여는청소년학교 등 성남시 내 주요 기관과 수확물을 나누었다. 또한 일회용 플라스틱 커피 컵을 활용하여 지역주민과 함께하는 화분 만들기 프로그램을 진행하고, 복지관 외곽 화단 가꾸기 등의 활동도 하였다.

역시 2022년 설립된 '안녕 합창 봉사단'은 세대와 문화를 초월한 보편적 언어인 음악을 매개로 선배시민과 후배시민이 함께 지역사회로 나아가고 있다. 음악에 관심이 있는 선배시민과 후배시민인 대학생이 중심을 이루는 안녕 합창 봉사단은 첫해 공연 장소와 내용을 고민한 끝에 병원에서 버스킹 공연을 진행하였다. 계속되는 코로나19 사태로 고되고 힘든 시기를 보내고 있는 의료진과 환자 들에게 응원과 연대의 메시지를 전달하기 위해서였다. '나의 재능이 지역사회에 좋은 영향을 미칠 수 있어 기쁘다. 의료원이 공공성을 지키는 것에 박수를 보낸다'는 의미를 담아 힘내라 시리즈의 일환인 '힘내요, 우리 모두'라는 이름 아래 공연을 하였다.

전국으로 확대된 환경 챌린지

중원선배시민위원회에서는 환경오염 문제를 지속적으

로 다뤄왔다. 회의에서 환경 개선을 위한 일회용품 줄이기 실천 방안에 대한 토론을 진행하였고, 동아리별로 구체적인 실천 방안에 대해 이야기를 나눈 뒤, 환경 챌린지에 나섰다. 환경 챌린지는 복지관 회원들뿐만 아니라 지역주민, 나아가 타 복지관을 이용하는 회원 등 모든 시민을 대상으로 환경보호 문화 조성에 힘쓰고 함께 참여할 수 있도록 '선배시민과 함께 미래 세대의 환경을 지킵시다!'라는 슬로건으로 진행하였다.

중원노인종합복지관에서 시작한 선배시민과 함께하는 환경 챌린지는 개인 텀블러 사용을 통한 일회용품 줄이기, 라벨 분리 배출 생활화(무라벨 용기 사용하기)를 공동 수칙으로 정하고 세 번째 수칙은 참가자 개인이 정하도록 하였다. 2021년 9월 한 달 동안 진행되었고, 전국 56개의 단체와 719명의 시민이 참여하는 성과를 거두었다.

중원선배시민위원회는 2022년 '힘내라 자원순환'이라는 이름으로 후배시민과 지역주민 등 동료들과 함께 직접 플라스틱 분리 배출 방법을 학습하고 실천하는 캠페인을 진행하였다. 또한 선배시민 박람회를 열어 페트병 병뚜껑을 모아 치약짜개 하나를 만드는 과정에 참여하는 기회를 제공하였다.

4장
변화된 사람들
전수희 조수경 홍세희

우리는 함께한다는 생각 하나만으로 끊임없는 학습과 고민,
소통, 도전 등을 통해 선배시민 실천을 위한 길을 걸었다.
그 길은 평탄하지 않았고, 한 치 앞도 알 수 없었으며,
한 발 나아가면 두 발 뒷걸음하기도 했다.

1. 나는 시민이자 선배이다

열심히 살아온 나, 이젠 나를 돌아봐야 할 때

「노인복지법」 제36조(노인여가복지시설) 제1항 제1호에 따르면 "노인복지관은 노인의 교양·취미생활 및 사회참여활동 등에 대한 각종정보와 서비스를 제공하고, 건강증진 및 질병예방과 소득보장·재가복지, 그 밖에 노인의 복지 증진에 필요한 서비스를 제공함을 목적으로 하는 시설"이다.

여가복지시설인 노인복지관에는 젊은 날 가족을 위해 열심히 살아온 노인들이 이제는 나를 위해, 못다 이룬 꿈을 위해, 영어와 춤을 배우기도 하고 바리스타로서 새로운 일에 도전도 하며 '나'를 위한 제2의 인생을 살고자 하는 목적으로 방문한다. 2022년 상반기 중원노인종합복지관 신입 회원 대상 실태 조사에서 복지관 가입 목적으로 '취미 여가 활동·교육 수강'이 72.9%로 가장 높았다.

우리가 만난 선배시민 동아리 어르신들 또한 선배시민 철학을 알기 전, 복지관에 처음 방문했던 이유와 참여했던 프로그램은 복지관을 이용하는 다른 노인과 다르지 않았다.

Q. 처음 복지관에는 어떻게 방문하게 되었나요?

최재규(디딤돌) 평사원으로 70세까지 직장생활을 하고, 2012년에 중원노인종합복지관 회원이 되었어요. 직장생활을 하면서 나와 가족을 위해 바쁘게 살아왔지요. 처음 복지관에 왔을 때, 50여 년간 일했으니 이제는 나를 위해 취미생활을 하며 시간을 보내자 싶었어요.

조규섭(디딤돌) 복지관이라는 존재도 몰랐는데, 취미생활을 즐길 수 있다는 지인의 권유로 복지관에 회원으로 가입하게 되었어요.

김정근(디딤돌) 1964년 우리나라 재건 운동이 시작되면서부터 일을 하고, 1970년대에는 새마을운동과 새마을금고에 내 몸을 바치며 어려운 시기를 열심히 살아왔어요. 그렇게 시간이 흘러 70대가 되면서 2007년 중원노인종합복지관 회원으로 가입하게 되었어요.

문수길(디딤돌) 이웃 사람들이 복지관에 한번 나가보라고 권해서 회원 가입을 하게 되었고 노인 일자리 활동에만 참여했어요.

신의선(그루터기) 매일 운동하고, 일찍 자고 일어나고, 식생활도 바르게 하고 열심히 지냈지요. 건강한 노후를 준비하면서 살았어요. 복지관에는 65세쯤에 온 것 같아요. 어떻게 해야 노후를 즐겁게 보낼 수 있을까라는 생각에서였지요.

Q. 선배시민 동아리에서 활동하기 전에는 어떤 프로그램에 참여했나요?

박이호(그루터기) 복지관에 오기 전에는 노인 일자리로 어린이 놀이터 지킴이 활동을 했어요. 그리고 성남중원도서관에서 동화 구연 과정 교육을 받고, 어린이집에서 아이들에게 동화 구연 봉사도 했고요. 선배시민 프로그램에 참여하기 전에는 사회권과 공동체라는 개념이 거의 없었고, 나와 친구들, 가족들만 재밌게 살고 노는 것에 관심을 가졌어요.

이금자(건강동아리) 아는 언니가 건강동아리에 참여하니 운동도 하고 참 좋다고 추천해서 친구하고 들어왔어요. 정말 좋았어요. 도시락 싸서 산에 다니고 밥도 먹고 그런 게 즐거웠어요.

문안순(건강동아리) 2007년쯤에 복지관에 와서 당구, 요가 같은 프로그램을 잘 이용했어요. 여덟 가지는 했을 거예요. 하다 보니까 건강동아리를 한다고 해서 11명인가가 모였습니다. 석촌호수도 가고, 운동장에서 운동도 하고 재밌었어요.

이한금(건강동아리) 야외로 놀러 다니는 게 재밌었어요. 운동하고, 먹을 것도 한 가지씩 가지고 와서 나눠 먹고. 석촌호수에서 어떤 아저씨가 우리한테 모여 있는 게 좋아 보인다고 하더라고요. 노란색 단체티를 입고 있었는데 그 말을 들으니 괜히 더 신났어요.

김공자(건강동아리) 옆에 형님 따라 왔는데, 너무 잘 온 것 같아요. 심리 상담을 6개월 정도 받았어요. 호스피스 일을 10년 넘게 했는데, 내가 환자들한테 해주던 이야기들을 복지관 상담사인 예나 선생님이 나한테 하더라고요. 상담을 받으면서 제가 더

밝아졌어요.

남은 인생을 복지관에서 즐기며 살리라! 다짐했던 노인들이 처음 선배시민 교육을 받았을 때는 어땠을까? 2012년 가을 '이용자대표회'라 불리는 복지관의 리더 그룹을 대상으로 선배시민 인문학 교육을 시작했다. 그 당시 노인들의 반발은 대단했다. '공산주의냐', '우리를 선동하는 것이냐'…. 1회기 70여 명의 노인으로 시작한 선배시민 교육은 매주 회기를 거듭할수록 참여자가 줄어 '21명 수료'라는 초라한 성과를 거두며 쓸쓸하게 막을 내렸다.

Q. 선배시민 교육을 처음 접했을 때 어땠나요?

조규섭(디딤돌) 순진한 노인들을 모아놓고 사상교육을 시키나? 라는 생각이 들었어요. 복지국가가 되기 위해서는 사회주의를 무시할 수 없기 때문인지 교수님들은 사회주의적인 이야기를 많이 했어요. 그래서 공산주의 교육 아닌가 싶기도 했죠.

문수길(디딤돌) 현실과 동떨어진 이론적인 학문만 배운다고 생각했어요.

김종길(JWBC) 복지관에 다닌 지 10년이 됐는데, 선배시민 이야기가 처음에는 그다지 좋게 들리지 않았습니다. 정치적인 것 같았어요. '선배'라는 말에 대해 선입견도 있었고요. 어릴 때 동네에 오일장이 서서 가면 선배가 이리 와보라고 해요. 그럼 돈 빼앗기는 날이에요. 그 기억이 남아 있어 선배라는 말만 들어도 거부감부터 느껴졌어요.

신의선(그루터기) 이런 세상도 있나? 선배시민이 이런 세상을 만들 수 있나? 깜짝 놀랐어요. 같이 교육받았던 남자분들은 사상이 이상하다면서 고상진 관장님하고 싸우고 그랬는데, 지금 생각해보면 관장님이 말하는 선배시민과 본인이 생각하는 노인이 너무 달랐기 때문이었던 것 같아요.

김공자(건강동아리) 2019년 선배시민 교육을 성당에서 처음 알게 됐어요. 그때는 초기라 시행착오가 많았던 것 같아요. 복지관을 다니다 보니 여기에서 선배시민 교육을 하더라고요. 선배시민 교육을 처음 들었을 땐 생소했죠. 예전에 학교 다닐 때나 선배라고 했지, 사회에 나와서는 선배라는 말을 처음 들어봤지요.

다름이 틀린 것이 아님을, 생소한 것이 이상한 것이 아님을, 선배시민 교육을 받는 노인들을 보며 알게 되었다. 도입 첫 해인 2012년 막을 내렸던 선배시민 인문학 교육은 1년 반 뒤인 2014년 4월 'Know人, 인문학과 만나다'라는 이름으로 다시 시작되었다.

흔히 '인문학'이라고 하면 지친 개인을 위로하고 치유하며 자기계발 등 힐링healing에 초점을 맞추고 있지만, 우리 복지관에서 진행된 인문학 교육은 나에 대한 위로를 넘어서서 나를 지치게 만드는 근본적인 원인에 초점을 맞추고, 나와 우리를 성찰하며, 우리를 앞만 보며 달리게 한 것을 벗겨내 그 이면을 보는 필링peeling의 과정이었다.

교육 대상 또한 공개적으로 모집하여 희망하는 누구나 참여할 수 있게 하였다. 본인이 생각했던 인문학이 아니라며 중간에 교육을 그만두는 노인들도 있었지만, 평균 20명의 노인이 꾸준히 참여했다. 주 1회씩 총 8회에 걸쳐 필링 교육을 하고 이후에는 토론 활동도 10회 진행하며 관점을 확장시키고 다른 사람의 의견을 인정하는 법을 익혔다.

Q. 선배시민 교육을 지속적으로 받으면서 어떤 생각을 했나요?

신의선(그루터기) 선배시민이 신기하다고 생각했어요. 인생이 다 끝났다고 생각했는데 이런 것도 있네! 한번 해볼 만하다! 계속 참석하면서 이야기를 듣고, 나는 어떻게 살아야 하지? 하는 생각도 했어요.

박이호(그루터기) 사회에 어려운 문제를 겪고 있는 학생들이 많구나라는 생각이 들었어요. 사회도 문제가 있다, 나도 어렸을 때 어려웠는데 그 어려움을 극복할 수 있는 공동체의 시민으로 살아갈 수 있는 방법을 후배시민과 공유하고 싶다는 생각을 했어요.

김금자(JWBC) 고정관념을 버리고 후배시민들과 나란히 하는 법을 알게 됐어요. 나이 먹으면 고집이 생기는데, 그걸 다 버리고 선배시민으로서 후배시민에게 양보하고, 가르쳐줄 게 있으면 가르쳐주고, 배울 게 있으면 배우면서 나란히 가는 거지요.

문수길(디딤돌) 우리나라에서 실제 일어나고 있는 사회문제에 대해 이야기해주어서 강의에 심취하게 되었어요. 몰랐던 사실, 그러니까 인권을 바라보는 관점, 법조항의 문제 같은 것들도 알게 되었어요.

Q. 선배시민 교육과 활동을 하면서 가장 기억에 남는 순간은 언제였나요?

조규섭(디딤돌) 촉법소년에 대한 교육하고요, 고아원과 쉼터 아이들이 받는 복지 혜택이 다르다는 것을 알게 되었을 때가 가장 기억에 남아요.

문수길(디딤돌) 2021년 10월 경기도 인권 사각지대 실태와 해결 방안 등에 대한 인권 강의를 들었을 때가 인상 깊었어요.

최재규(디딤돌) 선배시민 대학 졸업식 때, 디딤돌 1기생들이 와서 졸업 가운을 입혀주었는데 감동을 받았어요. 그때가 기억에 많이 남아요. 그래서 나도 동료들과 함께 공동체를 위한 활동을 해보고 싶다고 다짐하게 되었죠.

박이호(그루터기) 권리형 봉사에 대한 이야기가 기억에 남아요. 권리형 봉사야말로 우리 사회를 바꿀 수 있는 활동이라고 생각해요. 우리가 사회를 바꾸는 선배시민 활동을 할 때는 권리형 봉사가 기반이 되어야 해요. 그루터기 봉사단에서도 학생 개인의 문제로 바라보지 않고, 사회 구조의 문제임을 인식하면서 활동해야 되겠다 싶어요.

이금자(건강동아리) 처음에는 페트병 재활용에 대한 교육을 실천했어요. 자원순환가게 re100에 가고, 3~4학년 아이들에게 페트병 분리 배출에 대해 가르쳐주고…. 그런데 지금 애들은 영어를 잘 아니까 나중에는 우리가 모르는 것도 분리를 할 줄 알아 우리가 도리어 배우기도 했어요. 초등학생 학부모들이 우리보고 대단하다고 그랬어요. 이 나이에 이런 걸 할 줄 누가 알았 겠어요. 나만 편한 게 아니라 동참하니까 좋았어요.

세상의 콩깍지를 벗기다

선배시민 교육 과정에서의 학습과 토론을 통한 자각 이후 선배시민들은 각자의 자리에서 나답게 실천하기 시작했다. 특별한 재능이 없어도 괜찮다. 함께하는 동료가 있고, 후배가 있으니 말이다.

Q. 선배시민 동아리에서는 어떤 활동을 하나요?

조규섭(디딤돌) 디딤돌은 우리 지역 문제를 해결하기 위해 토론하고 실천하는 자조모임이에요. 디딤돌에는 리더가 없어요. 권위주의적인 동아리가 되지 않으려 노력합니다. 서로 비난하지 않고 차이가 편안하게 드러나는 토론의 광장을 만들고 있어요. 2022년에는 복지관 주변 쓰레기 문제를 해결했고, 모란 오거리 담배꽁초 줄이기 등에 관한 활동도 했어요.

김종길(JWBC) 저는 노인 자서전, 신모란여지도 활동을 하고 있어요. 성호시장은 처음 생긴 제일 큰 시장이에요. 그런데 시장이 활성화되지 못하는 듯해서, 그걸 영상을 만들었죠. 폐허가 된 시장을 부흥시킬 방법이 없을까에 초점을 맞췄어요. 시장 설계 단계에서부터 대중문화를 활성화할 수 있는 시스템을 만들자고 제안했어요. 예를 들어 우리 복지관에 풍물이 있고 민요가 있으면 주민들이 부담 없이 와서 문화를 즐길 수 있잖아요. 그걸 영상으로 담았죠.

강여실(JWBC) 중원알림이 기자단 활동을 하면서 복지관의 소식을 먼저 접하고 사람들에게 전달하는 역할을 하고 있어요. 이 과정에서 나 자신이 성장하는 것 같아 뿌듯하기도 하고 보람도 느껴요. 중원알림이 기자단이라는 데 자긍심도 느껴요. 아무것도 모르고 무모하게 시작했는데 굉장히 재밌었어요.

김금자(JWBC) 신모란여지도 활동으로 복지관 앞 사거리에 작은 공원이 아름답게 가꿔지길 바라는 마음을 담아 학생들과 영상을 찍었어요. 그리고 〈찢어진 청바지〉라는 영상도 만들었어요. 찢어진 청바지를 입은 젊은 세대의 딸을 보고 노인 세대의 아버지가 '돈이 없어서 그러냐? 돈 주랴?' 하는 식으로 대화를 이어가는 스토리예요.

신의선(그루터기) 청소년들하고 남한산성에 가서 이야기를 나누는 활동을 해요. 복지관에 온 아이들의 관심을 끌기에는 어려움이 있어요. 그래서 아이들과 자연으로 나가야겠다 싶어 남한산성에 같이 가서 할머니가 손자한테 하듯이 이야기를 해요. 계속 이야기를 하다 보면 아이들이 조금씩 답을 해요. 내려올 때는 말을 많이 하지 않고요. 이때 중요한 것은 함께 자연을 느끼는 것, 간섭하지 않는 것. 그리고 아이들의 이야기에 공감해주고 다독여주는 것도 중요해요.

박이호(그루터기) 동화 구연을 매개로 학생들과 가까워질 수 있는 분위기를 만들어요. 그다음에는 우리 사회를 살아가는 데 필요한 것들에 대해 이야기하고 있어요.

김공자(건강동아리) 공원에 가서 운동을 하며 안전을 위해 거기 있는 운동기구를 점검하기 시작했어요. 모든 시민이 건강하기 위해서는 안전이 최고잖아요. 그런 걸 살펴보는 게 필요하다고 생각했어요. 모란생태공원에 가서 시설을 살펴보는데 너무 노후돼서 엉망인 거예요. 시청에서 나와 페인트칠도 하고 해야 하는데…. 운동기구에 대한 설명도 안 보이고요. 탄천보호 토론회 참석을 위해 시의회에 갔을 때 물어봤어요. 공원은 어디서 관리하느냐고요. 공원 관리하는 과가 따로 있다고 해서 관련 내용을 신문고에 올렸어요.

Q. 선배시민 활동을 하면서 가장 보람을 느꼈을 때는 언제인가요?

김종길(JWBC) 학생들이 처음에 우리를 보고는 꼰대라고만 생각했을 거 같아요. 그런데 '이제는 동영상도 만들 줄 아는 조금 앞서가는 노인이구나, 노인도 저런 걸 다 하는구나'라고 생각하는 것이 느껴질 때가 있어요. 그럴 때 '선후배시민의 대화, 소통이 이래서 되는 거구나' 하는 깨달음과, 내 자존감이 높아지는 것이 선배시민 활동을 하면서 제가 느낀 것이에요. 보람이 있어요.

신의선(그루터기) 복지관에 온 학생들을 보면 잠을 못 자서 지각하는 경우가 많아요. 이제는 이것을 학생의 문제로 바라보지 않고 사회 구조의 문제로 봅니다. 처음에는 아이들이 마음을 열지 않아 힘들기도 했지만, 내가 먼저 열린 마음으로 다가가면 아이들이 조금씩 마음을 열기 시작하는 게 느껴져요. 아이들이 마음을 열어줬을 때 가장 보람을 느낍니다.

박이호(그루터기) 학생들과 동화 구연을 통해 이야기를 나누는데요. 한번은 세 명의 학생이 왔는데 대화하는 데 어려움이 있었어요. 두 명은 조금씩 이야기를 했는데, 마지막 학생은 이야기를 하지 않는 거예요. 그래서 이야기를 안 해도 된다면서 다독여줬어요. 그리고 식당에 갔더니 그 학생이 배식 봉사를 하고 있는 거예요. 학생이 "선생님 감사해요. 맛있게 드세요!" 하면서 반찬을 엄청 많이 올려주는데, 그게 아직도 기억에 남아요. 아이들의 반응이 없는 게 제일 힘든데, 조금이라도 아이들이 반응해주고 나한테 고맙다고 웃어주면 힘든 것이 상쇄되는 느낌이에요.

김공자(건강동아리) 오래된 운동기구에 페인트칠을 해달라고 국민신문고에 올렸는데 처리 결과 답변이 왔어요. 그렇게 문제가 시정되는 것을 보면 좋죠. 나만 좋은 게 아니라 뒤에 이용할 사람들도 좋고, 거기 다니는 애들도 좋고. 우리보다 선배도 있고, 후배도 있는데 모두 다 같이 좋으니까 성취감을 느껴요.

유용숙(건강동아리) 우리가 리빙랩에 나가서 특상을 탔어요. 쓰레기를 어떻게 하면 줄일 수 있을까, 회의를 통해 의견을 냈어요. 쓰레기를 줄이자, 종이컵을 쓰지 말고 텀블러를 쓰자는 내용으로 공모했는데 상을 받은 거예요. 그때 가장 크게 보람을 느꼈어요.

Q. 선배시민 활동을 하면서 좋은 일만 있진 않았을 텐데요. 힘들거나 어려운 점은 없었나요?

조규섭(디딤돌) 외부 지원 사업이 지연되면서 선배시민 활동이 축소되었을 때 허무했어요. 열심히 달려왔는데, 그때 그 아쉬움은 말로 표현 못 해요.

김정근(디딤돌) 디딤돌이 원래는 참여자가 많았어요. 요즘에는 코로나19 문제도 있겠지만, 동료들이 내가 아니어도 누군가는 하겠지라고 생각하는 걸 보면 섭섭해요.

김금자(JWBC) 신모란여지도 활동으로 복지관 앞 사거리를 깨끗하게 해보자는 주제로 학생들과 영상을 찍고 있었는데, 시청에서 갑자기 그곳을 시멘트로 칠해버렸어요. 실망했어요. 공원이 있을 때보다 더 지저분해진 거예요. 깨끗하고 아름답게 만들어서 잘 관리하면 좋을 텐데….

신의선(그루터기) 아이들을 처음 만나면 마음을 열지 않고 반응도 없어요. 그럴 때 가장 힘든데, 아이들이 웃어주고 조금씩 마음을 여는 게 보이면 또 제일 좋아요.

공동체를 돌보는 선배시민으로 살리라

가족을 위해, 나라를 위해 열심히 살아온 노인들은 나를 위해 즐거운 노후를 보내고자 노인복지관에 방문했다. 노인들은 복지관에서 선배시민 철학을 만나 학습하고 자각하고, 토론하며 나를 관계와 공동체 속에서 묻고, 시민권의 관점에서 더 나은 공동체를 상상하고 실천하는 선배시민으로 다시 태어났다. 그리고 자신의 남은 삶에서는 공동체를 돌보며 변화를 만들겠다고 다짐했다.

Q. 선배시민 활동을 하면서 느낀 점이 있나요?

김금자(JWBC) 우리가 하는 활동이 선배시민으로서 후배시민과 무엇이든 완성해가는 거잖아요. 후배시민에게는 배울 점이 많아요. 선배시민 활동을 하며 젊은 세대와 함께하니까 내가 80이지만 노인네 같지 않아요. 내가 아는 거는 가르쳐주고 모르는 거는 배우면서 함께하고 있거든요. 그래서 행복해요.

김종길(JWBC) 복지관에 와서 학생들을 만나면, 그들이 손자 세대지만 내가 배우게 돼요. 후배시민들도 자기가 멘토라고 생각했을 때 보람을 느끼는 것 같아요. 그 마음을 이해한다면 세대 간의 소통이 잘 될 수 있을 거라고 생각해요.

김공자(건강동아리) 성격이 괴팍해서 잘못됐다고 생각하면 무조건 지적했는데 선배시민 교육을 받아 보니, 그러면 안 되겠더라고요. 그러고 나서 나도 선배시민답게 '이렇게 하는 게 좋지 않겠습니까' 하는 식으로 대화를 나누려고 노력하면서 성격을 많이 고쳤어요. 선배시민 교육이 내 모습에 대해 반성하는 계기가 되었어요.

유용숙(건강동아리) 처음 동아리 모임을 했을 때는 우리 건강을 관리했어요. 그러면서 친구가 생기니까 좋더라고요. 그러다 생각이 조금씩 발전하다 보니 우리도 뭔가 해야겠다 싶더라고요.

그래서 선배시민 교육을 열심히 받고, 우리가 선배시민이 됐어요. 우리는 선배시민 자격이 있는 것 같아요. 내가 생각하는 선배시민은 경험이 많고, 젊은 사람처럼 재치는 없지만 지혜는 있는 사람이거든요. 젊은이들은 공부를 많이 해서 아는 게 많다면, 우리는 실제로 전쟁 등 많은 경험을 하면서 나름대로 지혜를 쌓은 것 같아요.

Q. 선배시민으로서 어떤 활동을 하고 싶나요?
박이호(그루터기) 그루터기 학생들과 대화를 나누면서 어려운 문제를 겪고 있는 학생이 많다는 걸 느꼈어요. 학생들이 더 나은 세상에서 살 수 있도록 하기 위해 공동체에서 어떤 시민으로 살 것인가를 이야기 나누고 싶어요.
김공자(건강동아리) 어디를 가든 안전하고 깨끗한 거리를 만들고 싶어요. 우리 우정 동아리는 무조건 안전을 추구하니까요. 불법주차된 차가 있으면 실버카 노인들이 공간이 없어서 못 들어와요. 그런데 요즘은 불법주차된 차가 많이 없어져서 실버카도 마음대로 끌고 올 수 있으니 좋아요. 생각이 실천으로 이어지는 게 좋아요.

Q. 어떤 선배시민으로 남고 싶나요?
최재규(디딤돌) 공동체에 도움이 되는 사람으로 기억되고 싶어요. 선배시민은 나에게 용기와 희망이에요. 지금의 나를 만들어주었거든요. 그래서 나도 후배시민들에게 용기와 희망을 주는 사람이 되고 싶어요.

조규섭(디딤돌) 말보다는 실천하는 선배시민이 되고 싶어요.

김정근(디딤돌) 후배시민을 품어주는 선배시민, 꼰대가 아닌 선배시민으로 남고 싶어요.

문수길(디딤돌) 좋은 사람이구나, 괜찮은 사람이구나, 후배시민을 포용해주는 사람이구나 하고 떠올릴 수 있었으면 좋겠어요. 후배시민이 좋은 길로 갈 수 있도록 안내하는 선배시민이 되고 싶어요.

신의선(그루터기) 지금은 '남한산성 할매'로 알려져 있는데요. 아이들에게 진심으로 다가가야 되겠다 싶어요. 그래서 아이들이 커서도 남한산성 할매가 해준 말이 가슴에 남아 그 학생의 길을 열어주는 선배시민으로 남고 싶어요.

박이호(그루터기) 자랑스럽고 건강한 공동체의 시민이 되기 위해서는 선배시민들이 지금까지 해왔던 여러 가지 활동을 계속해서 해야 한다고 믿고 있어요. 멘티들의 수저에 반찬을 먼저 올려주는 선배시민으로 활동하고 싶어요. 학생들이 선배시민과 함께하면서 변화한다는 것에 자부심을 느껴요. 앞으로 더욱더 모범 선배시민으로서 살아가야 되겠다고 다짐하게 돼요.

김공자(건강동아리) 그 전에는 오만했던 것 같아요. 후배시민에게 내가 나이가 많으니 섬기라고만 했던 것 같아요. 이제는 안 된다는 걸 알게 됐어요. 선배시민으로서 후배시민들을 혼낼 게 아니라, 배려하는 마음으로 이해해줄 수 있는 선배시민이 되고 싶어요.

문안순(건강동아리) 선배시민이라는 이름을 가졌으면 후배시민들에게 좋은 것도 가르쳐주고, 모범이 되어야겠지요.

선배시민은 국가에 사회권과 인권 보장을 요구하고, 이를 위해 조직하는 시민이자, 학습하고 토론하고 실천하는 시민이며, 후배시민들을 대변하고 이들과 소통하고 연대하는 시민의 선배이다.

선배시민 동아리 인터뷰를 하고 글을 쓰는 지금도 '나는 어떤 선배시민이 되어야 할까' 고민이 된다. 그래도 이 과정을 통해 나 또한 변화한 것이 있다면, 선배시민들이 만들고 있는 길을 나도 걸어가며, 그 길을 다지는 데 조그마한 역할이라도 하고 싶어졌고, 알 수 없는 자신감도 생겼다는 점이다. 이러한 변화는 인터뷰에서 만난 선배시민들에게서 자부심과 당당함을 확인할 수 있었고, 선배시민들이 우리를 지켜줄 것만 같은 든든함을 느꼈기 때문에 가능한 것이 아닐까.

2. 사회복지에 대한 고정관념을 넘어서다

어르신을 돌보는 복지에서

사회복지직은 봉사 정신이 강해야 할 수 있는 직업이라고들 한다. 공무원을 선망하는 사람들도 사회복지직은 3D업종이라고 할 만큼 기피하는 직군 중에 하나이다. 그도 그럴 것이 뉴스에서나 볼 법한 사회문제를 일상에서 흔하게 접하는 직업이 사회복지사이다. 복잡하고 어려운 문제를 슈퍼맨처럼 해결하는 존재가 사회복지 종사자들이라고 생각한다.

노인들은 노년기에 취미 및 여가 활동을 즐기기 위해서나 동년배 친구를 만나기 위해 복지관을 찾는다. 어떤 문제에 직면했지만 해결 방안이 생각나지 않거나 도움이 필요할 때도 복지관을 찾는다. 사회복지사들은 그렇게 복지관을 찾는 노인들을 회원으로 등록하고 그들의 욕구를 찾아 적합한 서비스를 제공하기 위해 프로그램을 계획한다. 문제가 발견되어 사례관리 대상으로 등록되면 사회복지사는 노인 욕구의 변화를 관찰하고, 긍정적인 변화를 일으키기 위해 동료들과 함께 각종 자료를 분석하고 회의한다. 문제가 해결될 때까지 또 다른 접근 방법, 더 나은 방안을 찾기 위해 노력하지만, 혹시나 문제가 해결되지 않는 경우에는 이사를 가거나 생을 다 할 때까지 서비스를 지원한다.

우리는 사회복지 종사자로서 어떤 노인복지를 하고 싶은 걸까? 기존에는 노인을 서비스의 대상으로 보는 눈만 있었다면, 선배시민은 노인을 같은 시민으로서 권리를 가진 사람으로 볼 수 있는 다른 눈이 있다는 것을 깨닫게 해주는 철학임을 학습을 통해 익히게 되었다.

노인을 No人이 아닌 Know人으로, 선배시민으로 부르기로 했다. 선배시민 철학은 중원노인종합복지관에 엄청난 변화를 가져왔다. 관점의 변화를 통해 노인을 바라보는 시선부터 노인을 대하는 태도까지 바뀌었다. 노인들이 변화하는 듯하다가 원점으로 돌아오는, 다람쥐 쳇바퀴 돌 듯하는 상황에서는 요즘말로 '현타'가 오기도 했다. 하지만 노인 스스로 자각하고 학습하고 토론하는 선배시민이 되기까지 끊임없이 도전했다.

선배시민 사업은 노인을 변화시켰을 뿐 아니라, 그 과정을 함께하는 사회복지 종사자의 가치관에도 변화를 가져왔다. 노인을 서비스의 대상이 아닌, 당당하게 권리를 말할 수 있는 우리와 같은 시민으로 바라보기 시작하면서 우리의 변화는 자연스럽게 따라왔다.

물론 선배시민 철학이 처음부터 모두에게 와닿은 것은 아니었다. 사회복지 종사자 모두가 선배시민 철학에 동의하는 것은 쉽지 않은 일이었다. 지금처럼 복지관의 미션으로 자리 잡기까지는 많은 기다림과 인내와 노력이 필요했다. 여전히 직원들이 100% 이 철학에 동의한다고는 할 수 없다. 선배시민은 철학일 뿐 사업으로 접근하기 어렵다고 생각하는 직원도 있을 것이고, 철학 자체를 부정하는 직원도 있을 것이다. 하지만 우리는 중원노인종합복지관을 자신의 의견을 혼자서 생각하는 것이 아니라, 함께 꺼내어 자연스럽게 이야기하며 풀어나가는 소통의 광장으로 만들어가는 것이 목표다.

선배시민이라는 철학을 알기 전과 알고 난 후 우리의 생각과 행동에는 많은 변화가 있었다.

Q. 선배시민을 알기 전, 노인을 어떤 관점으로 바라보았나요?

이은춘(사회복지사) 일자리 사업으로 처음 어르신들을 만나서 지침대로 운영했을 때는 관성에 의해 일했던 것 같아요.

신은정(사회복지사/대리) 노인복지관이라고 하면 으레 노인들을 돌보는 케어센터라고 생각했어요. 그래서 봉사 정신을 발휘하려고 왔는데, 사회복지사로 근무하면서 여유 있는 노인들도 많다는 생각을 하게 되었어요.

진자운(회계) 중원노인종합복지관에 오기 전에는 '어르신', '노인'이라고 하면 도움이 필요한 존재라고 생각했어요. 이전에 근무했던 종합복지관에 다니는 어르신들의 경우는 대부분 도움을 필요로 하셨어요. 취미나 여가 생활을 위한 프로그램에도 참여하면 물론 좋겠지만, 그보다는 본인들 생계 유지가 더 급했던 분을 우선해 살피다 보니까 노인은 도와야 하는 존재라고 생각했던 것 같아요.

선배시민을 알기 전 종사자 대부분은 노인을 도움이 필요한 대상으로 여기고 서비스 지원을 중심으로 사업을 계획하고 진행해왔다.

한국노인종합복지관협회에서는 '노인복지관 6대 사업 기초 가이드'를 개발했다. ① 상담, ② 사례관리 및 지역사회 돌봄, ③ 건강 생활 지원, ④ 노년 사회화 교육, ⑤ 지역 자원 및 조직화, ⑥ 사회참여 및 권익 증진 등이 그것이며, 이를 세부화해 16개 사업으로 나누었다.

노인복지관 6대 사업 기초 가이드에는 사업 담당자가 효율적으로 사업을 운영할 수 있도록 하는 사업별 운영 매뉴얼도 있다. 이는 노인복지를 도움이 필요한 노인에게 필요한 서비스를 지원하기 위한 사업이라고 생각했음을 보여주는 증거가 아닐까. 노인복지 서비스를 표준화한다는 사업 취지만 봐도 현재의 노인복지는 노인을 돌봄의 대상으로 바라보고 욕구를 충족시켜주거나 어려운 부분을 지원하는 식의 사회복지를 하고 있음을 말해주는 듯하다.

2016년 중원노인종합복지관의 '허리'인 중간관리자를 대상으로 학습동아리를 조직했다. 사업의 방향을 정립하고 새 방향대로 사업을 운영하기 위해서는 사업을 관리하는 중간관리자부터 사고를 확장할 필요가 있었다. 하지만 이같은 변화를 위한 과정이 현실적으로 쉽지는 않았다. 한 달에 한 권의 책을 읽는 게 그렇게

노인복지의 6대 사업과 세부 사업

1. 상담	일반 상담 및 정보 제공
	전문 상담
2. 사례관리 및 지역사회 돌봄	위기 및 위약 노인 지원
	지역사회 생활 지원 연계 및 지원
	가족 기능 지원
3. 건강 생활 지원	건강 증진 지원
	기능 회복 지원
	급식 지원
4. 노년 사회화 교육	평생교육 지원
	취미 여가 지원
5. 지역 자원 및 조직화	지역 자원 개발
	지역 복지 연계
	주거 지원
6. 사회참여 및 권익 증진	사회참여 지원
	노인 권익 증진
	고용 및 소득 지원

어려운지는 꿈에도 몰랐다. 바쁜 일상 속에서 책을 읽고 발제문을 작성하고 생각을 나누는 시간을 가졌다. 유범상 교수가 내준 한 권의 책을 다 읽어 오지 못하는 사람도 있었지만, 다른 사람들의 발제문을 읽으며 생각을 나누는 시간만은 온전히 집중했다.

그렇게 중원노인종합복지관은 선배시민으로 한 발짝을 내디뎠다. 중간관리자는 학습동아리 활동을 하며 책을 통해 사회를 바라보았고 나를 성찰했고 이상을 가졌다. 학습동아리 분위기가 처음부터 좋았던 건 아니다. 누가 먼저 이야기를 시작할지 눈치를 보았고, 내가 한 말이 틀리면 어쩌나 하는 걱정에 입을 떼기가 어려웠다. 이렇듯 중간관리자의 선배시민 실천을 위한 여정이 험난했으니, 이를 처음 접한 직원들의 어려움은 말할 것도 없었다.

Q. 선배시민을 어렵다고 생각하는 이유는 무엇일까요?

조웅희(사회복지사/1년차) 선배시민에 익숙해져 활동을 하기까지 많은 공부를 통해 관점을 정립하는 것이 중요합니다. 하지만 선배시민의 의미를 일반적인 사람이 알기는 어려운 것 같아요. 중원노인종합복지관에 들어와서 처음 알게 된 철학인데, 제대로 이해하기까지 진입장벽이 높은 거 같습니다.

박수진(사회복지사/1년차) 선배시민은 내가 추구하는 가치와 결이 맞아 이해하는 데 큰 어려움이 없었습니다. 그러나 다른 사람들이 이 철학을 나와 다르게 이해하고 말하는 것 같아 혼란스러울 때가 있었습니다. 각자 자신의 생각을 이야기하다 보니, 같은 이야기를 서로 다르게 이해한 것들이 드러나 혼란스러운 것 같기도 했고요. 정답이 없으니 서로의 생각에 대한 옳고 그름 또한 판단할 수 없기에 그냥 받아들여야 하나 싶기도 했어요.

임은희(상담사) 다 어려웠어요. 시대별로 이념이나 신념, 가치 들이 변해서 생각의 차이가 생기는 것이라는 둥, 시민의 권리가 확장되어야 한다는 둥. 역사 공부를 하며 이런 사실들을 어렴풋하게나마 알고 있었지만 제대로 알 기회는 없었던 것 같아요.

사회복지를 가르치는 교수님이 이러한 이야기를 해주니 이해가 잘 되면서도, 너무 거창한 이야기라 평범한 어르신들에게 받아들여질 수 있을까 하는 의구심도 생겼어요. 앞서가는 생각이고 괜찮은 생각이지만 그 내용이 방대한 만큼 우리가 이것을 깨닫고 이해하고 실천하기까지 오랜 시간이 걸리지 않을까 하는 생각도 들더라고요.

선배시민과 함께하는 복지로

시작이 반이다. 시작은 어려웠지만(물론 지금도 어렵지만), 직원들과 학습과 토론을 통해서 선배시민에 대해 다양한 생각을 나누었다. 선배시민 교육을 받으며 변화하고 있다는 직원도 있었고, 내 생각을 부정당하는 것 같다는 직원도 있었다. 그런 과정을 통해서 우리는 사회를 바라보았고 변화를 조금씩 느끼기 시작했다.

Q. 선배시민을 알고 난 뒤 생각의 변화가 있었나요?

안소연(사회복지사/3년차) 이전에는 할머니나 할아버지를 만날 기회가 적었고, 대중매체에서 노인은 엄하고 꼰대 같고, 말이 안 통할 것 같다고들 해서 그런가 싶어 거리감도 느껴졌어요. 그런데 JWBC 어르신들과 소통하면서 이미지가 달라졌던 것 같아요. 개인의 이익보다 공동체의 이익을 먼저 생각하는 어르신들도 있구나 생각했어요.

신은정(사회복지사/대리) 선배시민을 공부하기 시작했을 때는 노인에 대한 인식을 바꾸는 것이라고만 생각했는데, 장시간 공부하면서 선배시민이라는 것이 노인뿐만이 아닌 시민 전체와 이 사회에 대한 철학으로 다가왔어요.

진자운(회계) 선배시민 사업을 처음 접하다 보니 생소했고, 이게 가능할까 싶었어요. 어르신들의 목소리보다는 사회복지사들의 목소리가 더 많이 반영되지 않을까 하는 우려도 조금 했어요.

박미화(물리치료사) 처음에는 그저 어렵고 이게 뭔 소린가 싶었어요. 관심도 없었죠. 그런데 어르신들이 변하는 모습을 보면서, 이게 교육의 효과구나 싶었고, 나 역시도 많은 것을 배웠던 것 같아요. 가장 크게 배운 점은 뭔가 함께한다는 거였어요. 그전에는 행복을 위해 나만, 내 가족만 생각했다면, 지금은 함께해야 행복하다는 걸 알게 됐죠. 나만 행복하다고 해서 세상이 돌아가는 것도 아니더라고요.

김정희(간호사) 선배시민의 배경에는 사회복지 이론도 깔려 있어 내용이 쉽지 않았고, 생소했는데, 강의를 들으면서 노인을 저렇게도 바라볼 수 있구나 싶었어요. 교육 처음에는 어르신을 변화시켜야 하는 건가 생각했어요. 그런데 내가 변하지 않으면 선배시민을 아무리 어르신들한테 전달하려고 해도 제대로 전달되지 않겠구나 싶었어요. 그러면서 이 교육이 점점 더 어렵게 느껴졌다고 해야 하나. 내가 더 잘 이해한 다음에 어르신들과 함께하려는 방향에 대해 고민해야 하는데 그 과정이 이렇게 쉼 없이 계속되니까, 사실 알면 알수록 어렵습니다.

임은희(상담사) 대개는 나이가 들수록 생각이 무뎌지고, 배운 것만으로 살아가려고 하잖아요. 그런데 선배시민 교육은 뭔가 일깨우는 것 같았고, 사회복지 기관이 이것을 추진한다는 게 바람직하게 느껴졌어요. 기존에 하던 교육을 반복하고 돌봄만 하기에도 바쁠 텐데 말이죠. 나부터 일깨우는 차원에서 배워야겠다는 생각을 했죠. 교수님의 교육을 들을 때는 거창한 일인 것만 같았는데, 사례를 보니 꼭 그렇지도 않더라고요. 일상생활 속에서 내가 할 수 있는 작은 일을 찾는 게 의식의 깨우침이지 않을까 싶었지요. 이러한 깨우침은 내가 생각하던 가치와도 일치했어요.

서재순(사회복지사/팀장) 선배시민 사업을 하면서 제일 힘들었던 것은 계속 새로운 사업을 만들어야 하는 것이었어요. 기존의 사업과 우리가 배우고 있는 철학 간의 괴리가 보이기 시작했어요. 그래서 기존의 사업에 선배시민 철학을 더해야 하는 팀도 있었어요. 사회복지의 새로운 길을 만들어야 한다는 부담감과 함께 새로운 가치와 지향에 대한 도전으로 즐거움과 성취감을 느끼기도 했어요. 사회복지사로서 공동모금회에 제안서를 제출해서 펀드를 따 오는 경우와는 다른 성취감이라고나 할까요? 새로운 철학을 구현하는 의미 있는 사업을 실현한다는 것에서 성취감을 느끼면서, 이를 위해 더 공부해야 한다는 강박도 있었던 거 같아요.

선배시민의 실현이 가능할지는 누구도 장담할 수 없었다. 노인이 변화할 수 있을 것이라는 막연한 기대감만 있었을 뿐, 선배시민에 대해 처음부터 긍정적으로 받아들이는 노인도, 직원도 없었다. 우리에게는 방향성과 지향점만 있었을 뿐, 구체적인 목표도 손에 잡히는 성과도 없었다.

'꼰대', '고집불통'이라는 노인에 대한 부정적인 이미지, 그리고 다른 시대에 다른 교육을 받으며 살아온 노인. 이런 노인과 시민권을 이야기하기에는 어려움도 많았다. 그리고 우리는 아직도 이 어려움을 극복하기 위한 과정에 있다.

Q. 선배시민과 함께하면서 어려웠던 부분이 있었나요?

이은춘(사회복지사/6년차) 어르신들이 교육을 받을 때는 다 이해한 것 같은데, 조금 다른 상황을 만나면 다시 예전 가치관으로 돌아간 듯할 때 좀 어렵더라고요. 예를 들어 젊은 세대의 어려움에 대해 '우리도 어렸을 땐 다 굶었어. 요즘 단식이나 다이어트도 하는데 젊었을 땐 굶어도 된다'고 이야기하실 때는 어찌할 바를 모르겠더라고요.

서재순(사회복지사/팀장) 어르신 스스로 받아들이고 해석하는 것이 있었구나 싶고, 나의 생각도 확장되는 것 같을 때는 성취감도 느껴요. 반면 처음부터 다시 공부를 해야 하나 싶게 좌절감을 느낄 때도 있어요. 사안에 따라 선배시민의 관점이었다가 아니었다가 하는 부분이 많아요. 어르신들은 교육을 받아도 자꾸 원래대로 돌아가는 경우가 있어요. 그때는 '그래, 그냥 말면 되지' 싶은 게 아니라 '왜 우리가 여기에서 합의를 못 하고 또 이렇게 할까' 하는 안타까운 마음이 들어요.

김태현(사회복지사/5년차) 제가 담당하는 재가 어르신 대상 사업에는 선배시민 철학을 녹이기가 어렵다는 의견이 많았어요. 그럼에도 불구하고 일단 해보자는 마음으로 사업을 진행했는데, 처음에는 안 될 거라고 생각했던 게 조금은 변화하고 있다는 생각이 들더라고요. 물론 우리가 원하는 방향으로 바뀌지는 않았어요. 합의점을 찾는 것이 어려웠어요. 예를 들어 사회성 향상 프로그램을 진행할 때였어요. 인형을 바느질해서 만들었는데 누구는 아이들에게 주는 게 좋다고 했지만, 주고 싶지 않다는 의견도 있었어요. 결과적으로 경비실, 어린이집 같은 곳에 나눴는데 그에 대한 의견도 다 달랐어요. 담당자로서 대화와 설득을 통해 좋은 결과에 이른 것은 만족스러웠지만 그 과정이 어려웠죠.

장희주(사회복지사/1년차) 저는 경로당 활성화 사업 담당자인데, 경로당은 교육에 대한 거부감이 있는 거 같아 아쉬워요. 어렵고 힘들더라도 한번 해보겠다는 용기를 가지면 좋겠는데…. 문해교육을 권했을 때는 "늙었는데 무슨 교육이야, 90살이 다 돼가는데…"라고 하셨어요. 욕구가 없는 건 아닌 거 같은데, 늙었기 때문에 할 수 없다고 계속해서 얘기하는 게 안타까웠어요. 나이가 아닌 의지가 있었으면 좋겠어요.

태어난 순간부터 우리는 학습을 한다. 밥 먹는 방법을 배우고,

사회성을 배우고, 글을 배우고, 단계별로 교육을 받는다. 그렇게 교육받은 내용을 바탕으로 생각하고 실천하며 사회를 살아가는 방법을 배운다. 『페다고지』의 저자 프레이리는 교육이 일방적인 것이 아닌 대화로서 쌍방향의 소통을 통해 이루어져야 한다고 했다. 하지만 우리가 지금까지 받았던 교육은 쌍방향의 소통보다는 일방적인 지식 습득 위주였다. 지금의 노인들은 젊은 세대보다 더 일방적인 교육을 받았거나 이조차 받지 못한 사람이 대다수이다. 이런 환경에서 교육을 받고 살아온 노인과 같은 방향을 바라보며 함께 이야기한다는 것은 쉬운 일이 아니었다.

하지만 우리는 함께한다는 생각 하나만으로 끊임없는 학습과 고민, 소통, 도전 등을 통해 선배시민 실천을 위한 길을 걸었다. 그 길은 평탄하지 않았고, 한 치 앞도 알 수 없었으며, 한 발 나아가면 두 발 뒷걸음하기도 했다. 그렇다고 좌절의 순간만 있었던 것은 아니었다. 지금 생각해보면 그것이 선배시민 사업의 묘미가 아닐까 싶다.

Q. 선배시민 사업을 하면서 보람을 느꼈던 순간, 기억이 남는 순간이 있었나요?

신은정(사회복지사/대리) 어르신들과 끊임없이 대화하며 동일한 안건에 대한 다양한 의견을 받아들이고, 정답이 없다는 걸 체감하면서 스스로 변화한 것 같아요. 처음에는 어르신들은 이런 생각까지 못 하겠지 싶었는데, 곧 반성하게 됐죠.

전수희(사회복지사/과장) 복지관에서 진행하는 건강관리 사업에도 차별점이 생겼다고 생각해요. 어르신들이 지원을 받는 역할에서 벗어나 공동체를 돌보는 역할을 하게 된 것은 긍정적인 변화라고 느껴지더라고요. 공동체의 건강 돌봄에 관해서 어르신들과 선배시민 교육을 진행하고 모란시장에서 캠페인을 했는데, 소름 끼치게 감동했어요. 어르신들이 캠페인을 나가기 전에는 이런 걸 해야 하느냐고 싫다고 하더니, 막상 나가서는 점차 목소리가 높아지는 거예요. 지나가는 사람도 붙잡아 가며 활동하는 어르신들을 보며 뭉클했어요. 어르신들도 목소리를 낼 수 있다는 것에 스스로 감동했다고 하시더라고요.

이은춘(사회복지사/6년차) '힘내라 샛별들' 프로그램을 진행하며 어르신들의 이야기를 들었어요. 청소년들의 스트레스의 원인은 공부라며, 이것은 개인이나 학교의 문제가 아니라 교육의 틀이 문제라고요. 그 이야기를 들으면서 이분들과 청소년 문제에 관한 무언가를 충분히 할 수 있겠구나 하는 생각이 들었어요. 이분들의 관점이 청소년들의 문제를 개인의 노력 부족이 아닌 사회 구조의 문제로 바라보는 것으로 변화됐다는 것이 굉장히 희망적으로 느껴졌거든요.

박미화(물리치료사) 처음에는 선배시민 교육을 어렵게 생각하셨는데 강의를 들으면서 재활용에 대한 자기 주변의 이야기를 하는 걸 보고 어르신이 변화하고 있다는 생각이 들었어요. 분리배출에 대해 배운 내용을 본인이 사는 아파트에 적용해보고 실현되지 못했던 부분을 집어내시더라고요. 그러면서 어르신 본인도 뿌듯해하셨어요.

임은희(상담사) 가장 기억에 남는 건 선배시민 실천 사례를 보여주셨던 때 같아요. 한 어르신이 말씀하시는데, 청소년이 담배를 사고 싶은데 나이가 안 되니까 공원에 계신 어르신들에게 부탁을 했나봐요. 그걸 보면서 이 아이를 그냥 두면 안 되겠다는 생각이 드셨대요. 그래서 그 아이와 자주 만나 꽃밭 가꾸기 같은 활동을 했대요. 인상적이었어요. 서로 다른 세대인 어른과 아이의 마음이 맞아 아이를 좋은 방향으로 인도하는 것을 보면서 의식 있는 사람은 누군가를 도울 수 있구나 하는 생각이 들었어요. 청소년 상담을 하면서 청소년에게는 도움을 줄 수 있는 어른이 필요하다고 생각했었는데, 실제로 그렇게 청소년을 선도할 수 있다는 게 인상적이었어요. 우리도 그런 것을 일상에서 해야 하지 않을까 싶기도 했어요.

선배시민은 노인에 대한 관점을 바꿈으로써 노인과 사업의 변화를 가져왔음은 물론, 종사자의 삶에도 변화를 가져왔다. 운동, 뜨개질 같은 취미나 여가 활동을 위한 직원 동아리가 아닌 학습 동아리에 대한 욕구가 조금씩 생기기 시작했고, 사회를 바라보는 관점이 조금씩 달라지고 있음을 스스로가 느끼고 있었다.

Q. 선배시민을 알고 난 뒤 개인적으로 삶에서 어떤 변화가 있었나요?
홍세희(사회복지사/대리) 기존에는 사회적인 문제를 접했을 때 그러려니, 또 문제가 발생하네, 저 사람 안됐네 그렇게만 생각했는데, 지금은 근본적으로 왜 그럴까 하는 생각으로 사회 구조적

관점에서 보게 되는 것 같아요. 주택에 대해서도 관심을 많이 가지게 되었어요. 예전에는 돈이 없으니까 집을 못 사는 게 당연하지 싶었고, 부모 탓을 하기도 했는데, 지금은 사회 구조적인 문제가 심각하다, 이게 문제였구나 하는 식으로 바라보는 관점이 생긴 거 같아요.

신은정(사회복지사/대리) 어릴 때 세월호 사건을 보며 불쌍하다, 어떻게 저렇게 됐지라고 생각했는데, 선배시민 교육을 받고 나니 사건의 구조적인 부분을 생각하게 되었어요. 어르신들이 다 죽은 애들 뱃지를 왜 달고 있느냐고 하는 소리를 듣고, 욱해서 어르신들에게 설명하고 있는 나를 발견했을 때는 나도 아닌 것에 대해서는 아니라고 이야기할 수 있게 됐구나 싶더라고요. 내 스스로 변화했다는 느낌이 들었어요.

안소연(사회복지사/3년차) 대학교 졸업하고 복지관으로 바로 입사했어요. 대학생 때는 점수를 잘 받기 위한 말들을 많이 했어요. 일을 하고 선배시민을 배우고 나서는 친구들하고 이야기할 때도 개인적인 문제보다 공동체의 문제에 대해 더 많이 이야기하고 있음을 느꼈어요.

이은춘(사회복지사/6년차) 큰애가 1학년 때 건강이 안 좋았는데, 국가로부터 보호를 받지 못했거든요. 희귀병이라 의료보험이 안 됐어요. 30대 초중반에 감당하기 힘든 위기였는데, 당시에는 내 개인 탓을 하게 되더라고요. 내가 돈이 많았다면 어떻게 해서든지 좋은 의사를 찾거나, 외국으로 나가서 아이 치료 걱정만 했을 텐데, 돈 빌리러 다녀야 하니 힘들구나 했어요. 내 탓을 하고 내 부모 탓을 하며 가족 관계까지 나빠졌어요. 다행히 아이가 아픈 것이 나았고, 내가 아직 젊어서 다시 일어설 수 있으니 됐다고만 생각했어요. 이후에 사회복지 공부를 시작했고, 몇 년 후에는 큰애가 걸렸던 희귀병도 의료보험 보장이 되었어요. 그런데 가족이 아파서 경제적 어려움 같은 문제를 겪으면, 병이 나아도 그것으로 끝나는 것이 아니라, 그 사이에 상처받는 사람이 생기더라고요. 둘째 아이가 그 당시 유치원생이었는데, 돌봄을 받지 못하면서 받은 상처가 있더라고요. 예전 같았으면 내 탓, 가족 탓만 했을 텐데, 선배시민을 알고 나서는 국가의 보호를 받고 시민의 권리로서 혜택을 누린다면 힘든 사람들이 줄어들겠다는 생각이 들었어요. 사회복지사로 일하면서 가끔씩 딜레마에 빠질 때가 있는데 선배시민 공부를 하면서 나를 일으켜 세웠던 것 같아요.

신명희(사회복지사/관장) 예전에는 역량 강화나 기술 습득을 위한 공부만 계속 했던 거 같아요. 근데 생각은 커지지 않고 공허했다고 할까요. 그래서인지 주민도 조직하면, 그게 끝이었어요. 지금 생각해보면 기술은 충분한데 철학이 빈곤해서 그랬던 것 같아요. 역량이 부족하거나 기술이 없어서가 아니었던 거죠. 그래서 전에 있던 장애인복지관에서 만난 사람들과는 마음을 나누고 삶을 나누기 위해 노력했어요. 자조화라는 것은, 사회복지라는 것은 마음을 나누는 것이고 사람이 남는 것이구나라는 걸 그때 알았지요. 그러다 종합복지관에 와서는 민원이 너무 많아 괴로웠어요. 나중에는 민원을 집중적으로 제기하는 분들에 대해 맘을 비웠다고 할까요? 복지관 관장이라는 인식을 최대한 내려놓고 그들의 이야기를 진심으로 듣고, 그들에게 공감하고 이해하려고 노력했어요. 신기하게도 그때부터 그분들이 변했어요. 마음을 나누는 것의 중요함을 다시 한번 느꼈어요. 지금은 선배시민들과 마음을 나누는 것에서 나아가 생각을 나누고 서로를 인정하기 위한 노력을 하고 있어요. 이러한 노력이 모여 각자가 시민으로서 자신의 권리를 누리는 사회가 만들어질 것이라고 생각해요. 그러한 것을 알게 해준 선배시민 철학은 내 인생의 터닝포인트인 것 같아요.

장희주(사회복지사/1년차) 전에는 노인은 수혜자라는 생각이 컸어요. 그러다 선배시민을 배우면서 노인이 받기만 하는 사람이 아니라는 걸 알았어요. 노인에게 삶의 지혜가 있다는 말을 처음에는 이해하지 못했는데 선배시민 교육을 받고 이를 실천하는 분들을 보면서 노인이 달리 보이기 시작했어요.

진자운(회계) 선배시민을 공부하며 '선배'와 '존경'의 의미를 다시 생각하게 됐어요. 이전에는 선배는 후배에게 존경을 받으려는 존재라고만 생각했어요. 나는 존경받고 싶은 마음도 없고, 언제까지나 후배일 것만 같았죠. 그런데 공부를 하며 나도 언젠가는 선배시민이 될 거라는 생각이 들었어요. 어떤 선배시민이 되고 싶은지 고민도 하게 됐어요. 복지관의 선배시민들은 존경받으려고 노력하지 않아도 존경하고 싶게끔 만드는 활동들을 하셨어요. 그러다 나도 지금 누군가에게 필요한 존재가 아닐까 싶었어요. 내가 후배시민으로서 선배시민들이 필요로

하는 부분들을 채워줄 수 있다면 이분들도 선배시민으로서 활동하며 더 행복해질 수 있겠구나라는 생각이 들었어요.

박미화(물리치료사) 처음에는 어르신들은 돌봐야 하는 존재라고만 생각했는데, 선배시민을 배우면서 어르신들에게 배울 게 더 많다는 생각을 하게 됐어요. 어르신들을 바라보는 관점이 많이 바뀐 것 같아요.

김정희(간호사) 전에는 물리치료사로서 아프신 분들의 통증만 낫게 해드리면 된다고 생각했어요. 선배시민을 배우면서 이 어르신들이 건강할 수 있는 권리에 대해 자각할 수 있도록 도와드리는 역할을 하고 있고, 그런 일을 하는 기관의 일원이라는 데 자부심을 느껴요. 선배시민을 모른 채 병원에 있었다면 어르신들을 치료받으러 오는 할머니, 할아버지라고만 여겼을 거예요. 그런데 지금은 수술을 하고 나서 경제적인 문제 때문에 재활 등 건강할 권리를 포기하는 분들, 늙고 병들었으니 이렇게 살다 죽어야겠다고 체념하는 분들에게 선배시민으로서 건강할 수 있는 권리에 대해 이야기하려고 노력하고 있어요.

기존의 사회복지가 어려운 사람을 돕는 잔여적 실천, 사회 경쟁에서 뒤떨어진 사람을 돌보는 복지라고 한다면, 중원노인종합복지관에서 시도한 사회복지는 시민으로서의 권리를 찾고 누릴 수 있게 만드는 복지라고 할 수 있다. 이렇듯 선배시민을 학습하며 경험한 사회복지에 관한 관점의 변화는 사회복지 대상자인 노인뿐만 아니라 종사자의 변화도 가능함을 보여주었다.

과거에는 혁명을 통해 변화를 이끌어냈다면, 이제는 선배시민을 바탕으로 시민들이 생각을 나눌 수 있는 소모임을 많이 만들고, 이를 통해 시민이 살아가는 데 필요한 최소한의 것들을 제도화하고 정책으로 만들어 권리로 보장함으로써 세상을 변화시킬 수 있을 것이라는 확신이 들었다. 그렇게 조금씩 앞으로 나아갈 수 있는 목표가 생겼다.

Q. 선배시민을 바탕으로 꿈꾸는 활동이나 지향점이 있나요?

전수희(사회복지사/과장) 사회복지가 아닌 다른 분야에서는 시민권이나 사회권에 대해 어떻게 생각하는지 궁금하더라고요. 다른 분야 사람들과 선배시민에 대해서 이야기 나눠보는 시간을 가지면 좋겠다는 생각이 들었어요.

신은정(사회복지사/대리) 경계가 없는 활동을 해보고 싶어요. 지역사회로 찾아가는 활동인데요. 다른 복지관에서 활동하는 선배시민 등 다양한 영역에 있는 시민들을 만나서 이야기하는 장이 펼쳐졌으면 좋겠다는 생각이 들었어요. 그렇게 되면 지금보다 다양한 실천들이 나오지 않을까 싶어요.

이은춘(사회복지사/6년차) 거창한 목표일 수도 있겠지만, 선배시민 활동을 통해서 우리 사회의 교육 혁명을 이루고 싶어요. 지금까지는 우리 사회의 교육이 잘못됐다고 생각하면서도 사회가 만든 틀에 맞춰 살아왔죠. 어쩔 수 없이 내 자식도 그래야 할지 모르지만, 내 손자는 그렇게 키우고 싶지 않다는 생각이 들었어요. 선배시민 교육을 통해 우리 사회 교육 구조의 변화를 꿈꿔보고 싶어요.

임은희(상담사) 우울하거나 자살 충동을 느낀 분들이 상담을 통해서 마음이 회복되고, 그다음에는 활기차지고, 그렇게 의미 있는 활동을 할 수 있게 된다고 생각해요. 복지관에는 선배시민과 관련한 다양한 활동이 있으니, 그런 활동들을 연계해서 알려주고 제안하고 권유하면, 작은 봉사라도 시작할 수 있고, 그다음엔 선배시민 교육을 들을 수도 있고, 그렇게 의미 있는 일들을 찾아나갈 수 있지 않을까 합니다.

중원노인종합복지관에서 선배시민을 마주하며 많은 일을 겪고 다양한 생각을 나누었다. 그런 과정을 통해 사회복지에 대한 지향점을 찾아보고 나를 성찰하며 스스로 어떤 사회복지사가 되고 싶은지를 생각했다. 선배시민은 우리에게 삶의 목표에 대한 지향점을 제시하고 있었다.

Q. 어떤 사회복지사가 되고 싶은가요?

서재순(사회복지사/팀장) 사회복지사도 공부를 하는 것이 중요하다고 생각해요. 우리가 이해하고 있는 것 안에서 실천이 나오고, 인정하는 것 안에서 행동할 수 있으니까요. 그래서 꾸준히 공부하는 사회복지사가 되고 싶다는 생각을 했어요. 어떤 사람은 사회복지사는 친절하면 됐지 또 무슨 공부를 하느냐고 해요. 그런데 저는 사회복지사가 사회복지를 어떻게 정의하느냐에 따라 사업이 달라진다고 생각합니다. 그래서 끊임없이 공부하는 사회복지사를 꿈꾸는 거고요.

전수희(사회복지사/과장) 생각하는 사람이 되고 싶어요. 서비스 전달은 고민 없이 할 수 있지만, 사회복지를 통해 추구하고자 하는 방향성이나 지향점은 어떻게 생각하고 고민하느냐에 따라 달라지니까요.

이은춘(사회복지사/6년차) 질문하는 사회복지사가 되고 싶어요. 무엇인가 문제가 생겼을 때 '왜?' 또는 '어떻게?'라는 의문을 자연스럽게 떠올리고 싶어요. 요즘 노인 요양에 대해서 생각이 많아요. 이 문제에 대해서도 어떻게 해야 하지? 하고 질문하고 그 해결책을 찾기 위해 다양한 관점에서 생각할 수 있는 사회복지사가 되고 싶어요.

동유나(사회복지사/1년차) 중원노인종합복지관에서 일하며 토론이 일상인 많은 어르신들과 이야기를 나누다 보니 편안한 소통이 가능한 사람이 되고 싶다는 생각을 했어요.

Q. 나에게 선배시민이란 어떤 의미인가요?

안소연(사회복지사/3년차) 선배시민은 내가 잘 모르는 사회문제 앞에서도 시민 의식을 한 번 더 생각해보게 되고 공동체를 위한 활동을 해볼까 하는 마음이 생기는 이유이지 않을까요.

신은정(사회복지사/대리) 선배시민은 내가 변화하게 된 원동력인 것 같아요. 선배시민을 통해서 바뀐 부분도 있고, 선배시민을 만나서 실천했던 과정, 자조모임의 경험을 통해서도 내가 변화하고 있구나 하는 생각이 들었어요. 주변에서도 내가 변했다고 이야기하더라고요. 답답한 일이 생기면 예전에는 울기만 했던 거 같은데, 지금은 내 생각을 표현하기 위해 말을 많이 하는구나, 선배시민을 통해 변화했나, 선배시민을 통해 자신감을 얻었나 하고 생각해요.

이재상(사회복지사/과장) 선배시민이 머리에 들어와 있긴 하지만, 내 몸에 자리 잡지 못한 또 하나의 자아 같기도 해요. 아직은 선배시민 철학을 입혀가며 일하는 것의 재미를 잘 모르겠어요. 가치와 내가 싸우고 있는 중이라고 생각해요. 무조건 싫다고 할 때가 있었는데, 지금은 공존이 가능해요. 이해는 하고 알겠는데, 이것 때문에 '유레카' 하며 감동하지는 않아요. 선배시민은 공부를 좋아하는 사람들이 해야 한다고 생각해요. 그런데 남들은 나에게 변했다고 해요. 선배시민이 천천히 스며들고 있는 중인 거 같아요.

박미화(물리치료사) 저는 '그냥 함께한다'라고 생각해요. 함께 행복해야 가능한 거지, 나만 행복해서 되는 게 아니잖아요. 공동체의 선배시민이라고 하면, 선배시민이라는 말 자체를 모르는 사람들이 봤을 때는 그냥 윗사람이라고 생각할 수 있지만, 저는 선배시민을 서로 뭔가를 알려줄 수 있고 함께할 수 있는 사람이라고 생각해요.

임은희(상담사) 마음이 열려 있는 사람이라고 생각해요. 배우고자 하는 사람, 다른 사람과 화합하고자 하는 사람. 노인이 되면 자꾸 굳어가죠. 화석화돼요. 하지만 선배시민은 그러지 않고 다른 사람과 활동하면서 마음을 열려고 노력하고, 배움에 대해서도 계속 열려 있는 사람인 거 같아요. 세대를 초월해서 소통할 수 있는 사람. 그것은 우리가 상담에서 추구하는 바이기도 하거든요. 끊임없이 성장하는 인간이 되는 것이 상담의 목표인데, 선배시민도 그런 사람들이 아닐까 생각해요

이은춘(사회복지사/6년차) 선배시민이란 나에게 희망이에요. 선배시민을 통해서 조금 더 나은 상황을 생각할 수 있는 거 같아요. 시민권을 권리로 인식하지 않으면 아무것도 할 수 없고 변화를 이끌 수도 없고 미래도 없을 겁니다. 하지만 선배시민과 함께한다면 이상을 꿈꿀 수 있지 않을까 생각합니다.

3. 세대의 벽을 넘어 광장에서 함께하다

나와 너의 연결고리

"너와! 나의! 연결고리! 이건 우리 안의! 소리!" 몇 년 전 유행했던 노래의 가사이다. 이 가사는 유행가를 즐겨 듣지 않는 노인들에게는 생소할 수도 있다. 중요한 것은 세대가 살아온 시대 흐름의 맥락을 이해하고, 각자의 차이를 인정하며, 나와 나를 둘러싼 세상을 성찰하는 자세이다. 즉, 연결고리라는 말이 낯설어도 상관없다는 것이다.

'차이가 편안히 드러나는 광장에서 함께 놀아보자!' 선배시민을 이어 공동체의 길을 걸어가는 또다른 시민이 존재한다. 바로 후배시민이다. 후배시민은 선배시민과 함께 권리와 의무를 자각하여 공동체를 위한 목소리를 내는 시민이다.

더 나은 세상을 만들기 위해서는 선배시민의 노력만으로 부족하다. 후배시민과 함께 걸어가야 모두가 어우러지는 공동체를 디자인할 수 있다. 이에 중원노인종합복지관은 커뮤니티센터를 실현하고자 선배시민 양성뿐만 아니라 후배시민 양성을 위해서도 노력하고 있다.

후배시민 동아리로는 세대 통합 프로젝트와 신모란여지도에 참여하는 대학생 모임 등이 있다. 이들 중 2022년 5기를 조직화한 신모란여지도 참여 대학생들을 만나보았다. 그리고 사례관리를 넘어 사회관리를 할 수 있는 사회복지사 양성을 위해 진행하는 사회복지 실습에 참여한 예비 사회복지사도 만나보았다. 이들은 선배시민과 어떠한 연결고리가 있고 무슨 활동을 하고 있으며, 선배시민에 대해 어떻게 생각하고 있을까?

매주 금요일 오후 4시, 대부분의 복지관 프로그램이 끝나고 노인들이 집으로 돌아가는 시간에 복지관 4층에서는 웃음소리와 소통하는 소리가 끊이질 않는다. '어디서 나는 소리인가?' 하고 프로그램실 문을 열어보면, JWBC 선배시민과 신모란여지도 대학생들이 조별로 모여 토론을 하고 있다. 토론에서 이들은 노인을 돌봄의 대상이 아닌 돌봄의 주체로, 한 명의 시민으로 바라보고 있다.

선배시민과 함께라면 무섭지 않아

과연 이들은 선배시민을 알기 전, 노인에 대해 어떻게 생각하고 있었을까?

Q. 선배시민을 알기 전 '노인' 하면 떠오르는 이미지는 무엇이었나요?
현민재(신모란여지도) 우리 사회 노인들의 빈곤율과 자살률은 세계

적으로도 높은 수준이잖아요. 그래서 부정적으로 생각했어요.

우진(신모란여지도) '꼰대'라는 말이 떠올랐어요. 고집불통에 과거에만 얽매여 사는 사람이요.

이종혁(사회복지 실습생) 부유하고 자립적으로 살아가는 어르신들도 있지만, 신체적인 노화로 도움을 필요로 하는 분들이 많잖아요. 그래서 '도움을 필요로 하는 사람'이라는 이미지가 떠올랐어요.

Q. 선배시민을 실천하기 전 노인복지관에 대한 이미지는 어땠나요?

박은솔(신모란여지도) 독거 어르신, 어려움에 처한 어르신 들을 위한 공간이라고 생각했어요.

우진(신모란여지도) 경로당 같은 느낌이 강했어요. 도움이 필요한 어르신들이 서비스를 받는 공간이고, 개인마다 받고 싶은 서비스를 누리는 센터 같은 느낌이었죠.

현민재(신모란여지도) 요양원이라고 생각했어요. 노인복지관이라는 게 있는지도 몰랐어요. 청년들이 이용하는 공간이 아니기 때문에 관심이 없었죠.

이종혁(사회복지 실습생) 노인복지관은 노인만 이용하는 공간이라고 생각했어요. 학교에서 종합사회복지관은 '지역 조직화' 중심이라면, 노인복지관은 '노인여가시설'이라고 배웠던 기억이 있어요.

선배시민을 만나기 전까지 학생들에게 노인은 소위 말하는 꼰대, 고집불통 등 부정적인 이미지가 강했다. 노인복지관은 노인만 이용하고, 어려움에 처한 사람들만 도와주는 시설이라는 인식 또한 강했다. 이는 학교에서 공부한 내용의 영향이 클 것이다. 실제 교과서에서는 노인을 힘이 없고, 도움이 필요하며, 전통만 고집하는 사람 등 부정적으로 표현하는 사례가 많다. 이렇게 은연중에 습득한 노인에 대한 부정적인 이미지는 고정관념이 되어 성인이 되어서도 계속 영향을 미친다. 우리 사회 전반에는 노인에 대한 부정적인 이미지가 확산돼 있다.

Q. 평상시 세대 소통이 필요하다고 생각했나요?

우진(신모란여지도) 세대 소통의 필요성을 많이 느꼈어요. 부모님과 할머니와 함께 사는데, 제 입장에서는 당연한 이야기에 할머니는 충격을 많이 받으시죠. 옷을 구매하고 이성 친구를 사귀고 하는 일상적인 부분에서도요. 우리 할머니와 같은 어르신이 많을 거예요. 이 간극을 어떻게 좁힐지 고민해왔는데, 복지관에서 세대 소통 프로그램을 진행하고 있다니 반갑기도 하고 한편으로는 가능할까라는 의문도 들었어요. 세대 소통이 안 되는 이유는 세상이 빨리 변하고 있기 때문이라고 생각해요. 대학생인 저도 지금 고등학생인 친구들과 세대 차이를 느끼고 있거든요.

박은솔(신모란여지도) 세대 소통은 필요하다고 생각해요. 정치와 언론이 세대 간 갈등을 조장하는 것 같아요. 이를 무비판적으로 받아들인 젊은 사람들이 일자리가 없는 것은 어르신들 때문이라고 생각하고 있죠. 이런 것을 방지하기 위해서는 세대 소통이 되어야 한다고 생각합니다.

이종혁(사회복지 실습생) 우리 사회는 세대 갈등이 심각한 것 같아요. 청년들은 자신들의 일자리가 없는 것은 노인들 때문이라고 주장하고, 노인들은 청년들이 쉬운 일만 하려고 한다고 비난하는 등 본인 입장에서만 다른 세대를 바라보는 것 같아요. 서로 간의 간격을 좁히기 위해서는 대화가 제일 중요하다고 생각해요. 제도적으로 세대 갈등을 해결하기 위한 정책이 만들어져도 서로에 대해 이해하지 못하는 상황에서는 실행하기 어렵잖아요.

토론하는 동료이자 인생의 시민선배를 만나다

선배시민들의 성남동 문화 커뮤니티 발굴 프로젝트인 신모란여지도에서 함께 활동하는 위아더원 서포터즈는 대학생 후배시민으로 조직되었다. 이 프로그램을 통해 선배시민을 만난 후배시민들은 노인에 대한 인식이 어떻게 변화되었을까?

Q. 성남동 위아더원 서포터즈 프로그램에 신청하게 된 계기는 무엇인가요?

우진(신모란여지도) 사회복지를 전공하며 노인복지에 관심이 있었고, 그래서 실습도 노인복지관에서 했어요. 어르신들과 직접 만나서 이야기를 하고 영상을 만드는 등 1·3세대가 함께하는 프로그램이 드문데, 기회가 되어 함께하게 되었습니다.

박은솔(신모란여지도) 사회복지학을 전공하고 있어요. 대학교에 입학했을 때는 코로나19 때문에 서포터즈 활동이나 복지관에서 하는 프로그램에 참여하지 못했는데, 그러던 중 봉사 사이트에서 위아더원 서포터즈 모집 정보를 보았고 관심이 생겨 참여하게 되었어요.

현민재(신모란여지도) 종일 집에서 공부만 하면 심심한데, 재미있는 것이 없을까 해서 참여했어요. 또래들은 만날 기회가 많은데, 노인들은 어떠한 삶을 살고 있을까 궁금하기도 했고요.

Q. 성남동 위아더원 서포터즈와 함께하는 JWBC 선배시민들에 대한 이미지는 어떤가요?

우진(신모란여지도) 기초 수급자가 가장 많은 세대가 노인인 걸로 알고 있는데, 그래서인지 노인은 도움이 필요한 클라이언트라고만 생각했어요. 서포터즈 활동을 통해 어르신들이 영상을 촬영하고 편집하는 것을 보면서 어르신들이 자기 의견을 적극적으로 표현하시는 게 멋있다고 생각했어요. 노인이 도움을 필요로 하기만 하는 존재는 아니구나, 라는 것을 느꼈어요.

박은솔(신모란여지도) 어르신들을 만나기 전에는 나이 차이가 많이 나니, 의견 차이도 클 거라고 생각했어요. 아이 같은 면, 고집스러운 면도 있겠다 하는 편견도 있었는데, 활동하면서 노인들이 모두 그렇지는 않구나 하고 느꼈어요. 오히려 본인들의 생각을 당당하게 이야기하는 모습을 보고 역시 연륜은 무시할 수 없는 거구나, 감탄하기도 했어요. 활동이 거듭되면서 선배시민들이 인생의 멘토가 될 수 있겠다는 생각도 하게 되었죠.

현민재(신모란여지도) 서포터즈 활동을 하면서 노인도 다른 사람들과 같은 보통 사람이라는 생각을 가장 많이 했던 것 같습니다. 사람으로 태어났으면 인권이 보장되어야 한다는 생각도요.

Q. 선배시민을 처음 접했을 때 어떤 느낌이었나요?

이종혁(사회복지 실습생) 좋은 관점의 사업이 진행되고 있다고 생각했어요. 예전에 학교에서 조별 과제를 할 때 노인 관련 문제에 대해 이렇게 썼어요. "노인 일자리가 필요하다. 노인들이 일을 하면 경제적인 문제도 해소될 것이고 사회적인 인식도 개선될 것이다. 노인도 필요한 일손일 수 있다. 이들을 위한 일자리가 더 필요하다." 그런데 선배시민을 알게 되면서 자각하게 되었어요. 노인의 노동력을 자본주의 시장에 맞추려고 했던 저를 반성하게 되었어요. 노인들은 지금까지 국가를 위해 희생하고 의무를 다하며 살아왔는데, 노후에라도 권리를 누릴 수 있는 시민으로 살아가야 하지 않을까라는 생각이 들었어요.

후배시민들은 선배시민이 시민사회에서 함께 살아가는 시민임을, 끊을 수 없는 연결고리로 이어져 있음을 자각하고 있었다. 또한 선배시민은 노인에게만 해당되는 이야기가 아니라 앞으로 자신들의 이야기이자, 사회 구성원 모두의 이야기임을 인지하고 있음을 엿볼 수 있었다.

Q. 어떤 시민이 되고 싶나요?

우진(신모란여지도) 권리와 의무를 다하는 시민이 되고 싶어요.

박은솔(신모란여지도) 불쌍한 사람을 연민으로 바라보는 것이 아니라, 한 명의 시민으로 바라보고 공감하는 연대성 있는 시민이 되고 싶어요.

현민재(신모란여지도) 나이가 많다고 해서 돈이 없다고 해서 차별의 눈으로 바라보지 않고, 똑같은 시민이고 인간이라는 것을 잊지 않는 시민이 되고 싶습니다.

이종혁(사회복지 실습생) 서로를 존중하고 이해하는 시민이요.

Q. 어떤 노인이 되고 싶나요?

우진(신모란여지도) 〈꽃보다 할배〉 프로그램에 나오는 어르신들처럼 세계 여행도 가고, 나를 위해 살아가고 싶지만, 현실적으로 어렵잖아요. 저 자신도 아끼고, 후배시민을 존중해주는 노인이 되고 싶어요.

박은솔(신모란여지도) 내 권리를 당당하게 누리고, 후배시민도 품어주는 노인이요.

현민재(신모란여지도) 늙음에 슬퍼하지 않고, 당당하게 늙어가고 싶어요.

이종혁(사회복지 실습생) 아직 먼 미래인 것 같아 깊게 생각해본 적은 없어요. 하지만 이기적인 노인이 되고 싶지는 않아요.

후배시민들은 공통적으로 당당하게 늙어가고 싶어 했다. 당당하게 늘어가기 위해서는 개인의 노력도 중요하지만, 사회 구조적인 변화가 있어야 하지 않을까? 후배시민들이 어렸을 때부터 시민권을 자각하고, 자신의 목소리로 공동체에 참여한다면, 그들의 노후는 지금의 노인과 다르지 않을까? 후배시민들이 선배시민과 함께하는 그들의 연결고리, 세대 소통 활동이 기대되는 이유이다.

5장
케어센터에서 커뮤니티센터로

서재순 신명희 신은정

모든 강의가 계획대로 이루어진 것은 아니었다. 어떤 질문은 우리가 생각했던 것과 전혀 다른 반응을 낳았고, 함께 논의하지 못한 것들도 적지 않았다. 그럼에도 강의에 참여했던 사회복지사들이 아쉬움 못지않게 만족감을 느낀 이유는 우리가 하나의 주제로 노인과 깊이 이야기했다는 데 있었다. 사회복지사가 공동체에 대한 질문을 던지는 것만으로도 교육이 될 수 있음을, 이 과정을 통해 노인이 시민이라는 것을 자각할 수 있음을 깨달았다.

1. 커뮤니티센터가 되기 위한 도전

복지관에 대한 다른 생각들

노인복지관에서는 다양한 사람이 함께한다. 그중에서도 중심이 되는 사람은 노인, 노인복지관 종사자, 지역주민이다. 그리고 지역의 다양한 유관 단체나 기관도 함께한다. 그들에게 노인복지관은 어떤 곳일까?

노인들의 집, 케어센터
노인복지관은 「노인복지법」 제36조에 노인여가복지시설로 명시되어 있다. 복지관이 문을 여는 오전 9시 전부터 노인들은 복지관에 도착해 문이 열리기를 기다린다. 다양한 평생교육 강좌와 자율 프로그램으로 운영되는 탁구와 당구, 포켓볼과 바둑 등을 이용하기 위해, 일자리 활동을 위해, 따뜻한 점심을 위해, 그 밖의 각종 복지서비스를 받기 위해 복지관에 매일같이 나온다. 노인들은 복지관을 놀이터라 부르기도 하고, 삶터라 부르기도 한다. 복지관은 노인들에게 일상의 공간이며 또 다른 집이다.

때때로 고성이 오가고, 민원으로 확대되어 복지관이 몸살을 앓기도 한다. 노인들에게 복지관은 편안하고 즐거운 공간이지만, 본인들의 생각과 달리 프로그램이 진행되어 욕구에 부합하지 않거나 사회복지사의 응대가 친절하지 않을 경우 종종 큰소리가 난다. 그럼에도 복지관에 나름의 애정을 갖고 있고, 되도록 많은 서비스를 통해 다양한 방식의 돌봄을 받기를 원한다. 이때 사회복지사들이 한결같이 친절하게 웃음으로 서비스해주기를 원한다.

케어센터의 사회복지사

노인을 대할 때, 사회복지사들은 친절하다. "어르신 식사하셨어요? 꼭 챙겨 드셔야 해요." "약은 드시고 계세요? 약도 잘 챙겨 드세요!" 노인은 사회복지사들의 말에 "응", "그럼"이라고 답한다. 노인의 목소리보다 걱정하고 염려하는 사회복지사의 목소리가 더 크고, 대화의 대부분을 차지한다. 우리는 노인과 대화한다고 생각하지만, 사실은 일방적으로 전달을 한다. 안부를 전달하고, 도시락을 전달하며, 프로그램을 만들어 여가와 문화라는 서비스를 전달한다.

도시락을 전달할 때도, 평생교육으로 문화 여가 프로그램을 전달할 때도 사회복지사의 큰 목소리를 통해 지침과 안내가 먼저 노인들에게 전달된다. 프로그램 신청 방법과 이용 안내 등이 전달되면, 사회복지사와 노인의 대화는 마무리된다. 하루에 복지관을 이용하는 1,200여 명(코로나 전 2,500여 명)의 노인들이 원활하게 복지관 서비스를 이용하게 하기 위해 사회복지사가 적절하게 응대하려면, 프로그램만 안내하기에도 버거울 때가 있다.

또 다른 사업, 선배시민

첫 선배시민 사업으로 인문학 강좌를 복지관에서 진행했을 때 사회복지사들은 많이 불편해했다. 산더미같이 쌓여 있는 일만으로도 버거운데, 새로운 일이 생기는 수준을 넘어 또 다른 산을 만나는 것 같은 마음의 짐에 힘겨워했다.

노인복지관에서 진행해온 6대 사업 영역조차 사업으로 나누어보면 몇백 가지이다. 더구나 선배시민 사업은 교육으로 끝나지 않았다. 교육 이후 자조모임을 해야 했고, 토론을 통한 노인들의 생각 나누기가 따라왔다.

그동안 사회복지 실천 현장에서 경험하지 못했던 토론은 매우 어렵고 불편했다. 우리가 토론해본 적이 없는데, 어떻게 노인들과 토론할 것인가! 토론은 특별한 경우에나 하는 것 또는 방송에서 전문가들이 하는 활동이라고만 생각했다. 우리가 배워온 토론은 지식이 풍부해야 하고, 논리적이며, 뛰어난 언변으로 상대를 설득해야 하는 어려운 과정으로, 일상에서 그것도 사회복지 현장에서의 토론은 쉽지 않은 일이었다.

잡힐 듯 잡히지 않는 선배시민 사업은 그렇게 담당 사회복지사 한 명이 힘들게 끌고가는 인문학 교육 사업으로 시작했고, 관장의 의지로 진행되었다. 직원들에게 선배시민 사업은 6대 사업 영역 중 어느 한 영역의 또 다른 사업으로, 지정된 부서에서 진행하는 담당 사회복지사만의 일로 인식되었다.

선배시민에 대한 다른 생각들

선배시민 사업은 2012년 시작 당시부터 중원노인종합복지관의 철학이며 방향이라는 기관의 메시지가 지속적으로 있었다. 하지만 직원들의 생각은 다양했다. 선배시민을 배우고 학습하기 위해 노력함은 물론, 선배시민이라는 방향에 매사를 맞추려는 극소수의 직원도 있었다. 반면 선배시민에 대한 불만으로 가득한 상태에서 그 불편함을 조목조목 구체적으로 설명하는가 하면, 선배시민의 교육과 실천 전반에 대한 어려움을 토로하는 직원들도 있었다. 중원노인종합복지관에서 선배시민은 조직의 문화와 관계 안에서 논의되고 우리의 철학과 가치로 자리 잡기보다, 일방적인 기관의 사업으로 담당 부서와 담당자의 사업과 일로 머물러 있었다.

조수경(과장) 직원들이 선배시민 교육을 받지 않은 상태에서 선배시민 사업을 시작했어요. 관장님이 선배시민이라는 개념이 있고 그걸 해야 한다고만 했어요. 그냥 하나의 프로그램 교육 과정이 신설되는 줄 알았다가 갑자기 많은 업무가 내려오니까 그때는 불만들이 있었던 것 같아요. 선배시민이라는 개념이 노인의 다른 명칭인 줄로만 알았지 여기에 어떤 의미가 있는지 몰랐으니까요. 일부 관리자들은 당시 외부에도 나가 선배시민에 대해 많은 이야기를 했던 것 같은데, 지금처럼 교육 과정 같은

게 없었고 만들어가는 과정이었기 때문에 받아들이는 데 어려움이 있었던 것 같아요. 직원들과 충분히 논의하고 알아나가는 과정이 없었어요. 합의하지 않아서 더 그랬던 것 같아요. 자연스럽게 받아들여졌어야 하는데 그때는 강압적이라고 느꼈던 것 같아요.

서재순(팀장) 처음에는 하나의 사업으로 받아들였던 것 같아요. 선배시민 대학은 기존에 많이 해온 인문학 강좌 같은 거라고 생각했고 자조모임도 크지 않았어요. 선배시민은 대학이고 이 대학을 위한 교육을 잘 수행하기 위한 사업들이라고 생각했던 것 같아요. 이 사업을 꾸준히 하기 위해서는 사회복지사가 맥락을 알아야 되는데, 많은 것이 추상적으로만 보였어요.

변화의 몸부림, 속도보다는 방향

변화의 시작

중원노인종합복지관의 사명 즉 미션은 2007년 개관 즈음해서 만들어진 이후 변화가 없었다. 2019년 직원들에게 미션과 비전에 대해 물었을 때, 담당 사업과 연계해서 고민하고 답하는 직원은 거의 없었다. 기관의 방향과 선배시민은 직원들 마음에도, 사업 어디에도 물과 기름같이 함께하지 못했다. 선배시민 사업은 기관과도, 직원과도 무관한, 외로운 섬이 되어 있었다.

어디서부터 시작해야 할까? 직원들의 기관에 대한, 선배시민 사업에 대한 복잡하고 다양한 고민은 관리자에게로, 우리 모두에게로 퍼져나갔다. 미션과 비전 재정립 과정을 함께해줄 비영리 컨설팅 기관에 무작정 찾아갔다. 미리 정한 답 없이 모두의 목소리와 생각을 담아 우리의 길을 스스로 찾고자 했다.

그동안의 고민을 직원들과 공유하는 과정에서 복지관 미션과 비전을 새롭게 만들고자 하는 욕구가 크다는 것을 알게 되었다. 직원 한 명 한 명이 사회복지에 대한, 기관에 대한 열정과 애정으로 넘쳐났다. 오랜 시간 앞만 보며 달려와 지치고 힘들었을 뿐이었다. 누가 우리를 달리게 했는지, 무엇을 위해 달렸는지 생각하지 못했다. 멈춰 서야 우리의 모습을 볼 수 있을 듯했다.

다시! 새롭게 동료들과 나아가고자 하는 마음은 복지관 곳곳에 있었다. 구체적인 미션과 비전을 준비하기 위해 자발적인 참여를 부탁했다. 놀랍게도 몇몇 직원이 스스로 참여 의사를 밝히면서 TF팀이 꾸려졌다. 변화가 시작되었다.

직원, 자기 목소리를 내다

컨설팅 기관인 감마센터와 함께 TF팀이 중심이 되어 미션과 비전 재정립을 위한 작업이 이루어졌다. 코로나19 상황이 악화되던 2020년 4월, 복지관은 전면 휴관을 지속하고 있었기에, 직원들과 일정을 조율해 미션과 비전 재정립을 위한 전 직원 워크숍을 시작하였다. 다음은 당시 논의한 질문의 일부이다.

- 나는 왜 중원노인종합복지관에서 일하고 있는가?
- 나와 우리는 중원노인종합복지관을 통해서 무엇을

하고자 하는가?
- 우리 조직의 사명과 비전이 분명해지면 무엇이 좋은가?
- 우리 복지관이 소중히 여겼던 가치 또는 원칙은 무엇인가?
- 노인복지란 무엇인가? 선배시민이 의미하는 것은 무엇인가?
- 중원노인종합복지관이 지역에서 협력해야 할 것은 무엇인가?

우리는 그동안 현장에서 질문을 잊고 지냈다. 지침과 세부 사업에 대한 설명을 전달하기 바빴던 우리들은 미션과 비전을 재정립하면서 우리 자신에게, 노인들에게, 그리고 지역 관계자에게 질문하고 이야기를 들었다.

'나'로부터 시작된 질문은 '우리'로 확대되고, 나아가 가치와 철학에 대한 근본적인 질문과 토론으로 이어졌다. 우리가 이렇게 긴 시간 동료들과 같은 고민과 주제로 이야기를 나눈 적이 있었던가 싶었다. 동료들과 생각을 나누는 과정은 서서히 자리를 잡아나갔다. 더불어 생각의 나눔은 마음을 나누는 과정으로 확대되었다.

우리는 커뮤니티센터로 간다

2020년 4월에 시작된 미션과 비전 재정립 작업은 6월 말이 되어서야 마무리되었다. 전 직원이 참여해 생각과 마음을 나

미션과 비전 재정립을 위한 워크숍 일정 및 주요 내용

회차	날짜	주제	세부 내용	비고
1회	4/7	비전 워크숍 마음 모으기	- 오리엔테이션: 비전 워크숍 소개, 목표 확인, 워크숍의 이해, 기대 나눔 - 기존의 미션과 비전에 대한 생각 나누기 - 미션과 비전의 개념 및 사례 소개	3시간
		개인 정체성	- 중원노인종합복지관과 나 나의 동기/ 기대/ 두려움	
2회	4/21	조직 정체성(1)	조직 정체성 분석 : 설립 목적 및 배경, 핵심 개념 등	3시간
		핵심 가치 도출	조직이 지향하는 핵심 가치 확인 및 핵심 가치 도출	

3회	5/7	조직 정체성(2)	- 조직 정체성을 중심으로 조직 활동 평가
			  ① 잘해온 것: 의미, 보람, 성과
			  ② 부족한 것: 한계, 문제점, 아쉬운 점
			- 조직의 강점과 약점
				사전 과제
				·
				3시간

		고객 및 사회 환경 분석	- 과제 공유
			  ① 고객 포커스 그룹 인터뷰 결과 공유
			  ② 욕구 만족도 조사 결과를 통한 시사점
			  ③ 사회 환경 분석(구글 설문)
			  ④ 이해관계자 의견 수렴	

4회	5/19	사명문 작성	- 고객, 핵심 가치, 비전 과제를 중심으로 조직 사명문 작성	3시간
		비전 과제 도출	- 분석 결과(개인 및 조직 정체성, 고객 분석, 사회 환경 분석) 시사점 확인 - 분석 결과에 따른 비전 과제 도출	
5회	6/2	비전문 작성	- 비전 과제가 실현된 모습으로 비전문 작성	3시간
6회	6/16	목표와 전략	- 연도별 목표 및 전략 수립 아이디어 도출	3시간
7회	6/30	종합	- 팀 비전과 중점 과제 - 컨설팅 과정 종합 평가 및 후속 안내	3시간

누고, 노인과 지역사회의 이야기를 듣고 나눴음에 작은 성취와 기쁨, 더불어 희망을 느꼈다. 또한 때때로 불편했던 '선배시민'이 결국은 우리의 방향으로 합의되었다. 그동안 우리가 불편했던 것은 선배시민 자체가 아니라, 우리 자신의 목소리와 참여가 없었던 그 과정이 아니었을까. 노인에게 이야기했던 '자기 목소리로 공동체에 참여해야 한다'는 말이 우리에게 우선 필요했음을, '차이가 편안히 드러나는 광장'이 가장 필요했던 사람은 노인 이전에 우리였음을 알게 되는 소중한 시간이었다. 이 여정을 동료들과 함께하며 우리는 마음에 희망의 씨앗을 하나씩 심었

중원노인종합복지관의 미션과 비전

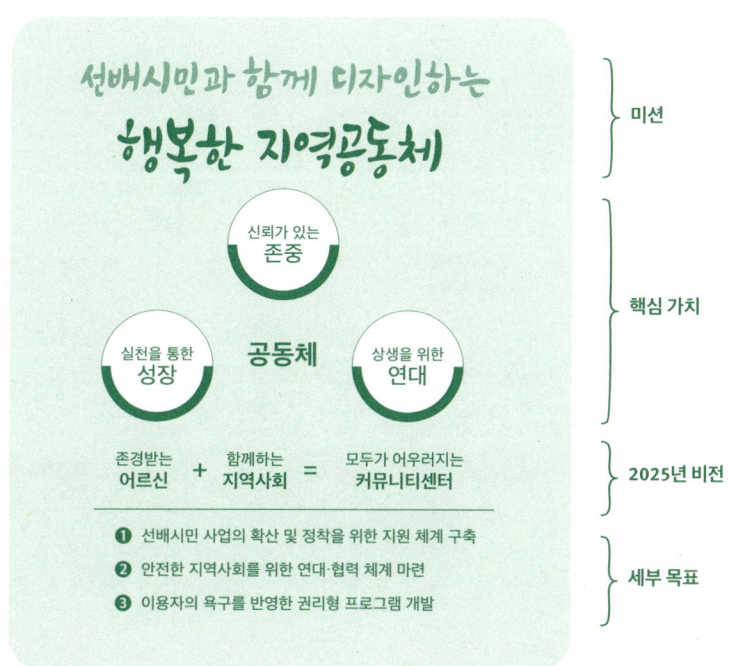

다. 혼자라면 어렵겠지만, 동료와 선배님 들과 함께라면 가능하겠다는 믿음이 싹을 틔웠다. 그제야 우리는 동료들과 다 같이, 어깨동무하며 새로운 출발선에 선 느낌이었다.

2. 사회복지사, 철학을 만나다

철학의 빈곤으로 분투하는 사회복지사

꾸준한 선배시민 교육으로 복지관 내부에서는 선배시민을 각 사업에 녹여내야 한다는 분위기가 만들어졌다. 그러면서 자연스럽게 기존 사업은 선배시민을 반영한 사업으로 방향을 전환했고, 새로운 사업들도 시작되었다. 두 경우 다 담당자에게 낯설기는 마찬가지였다. 낯선 사업 앞에서 사회복지사는 어떤 방향으로 운영해야 할지 막막했다. '어떻게든 되게 한다'는 사회복지사들의 강점을 바탕으로 막막한 감정은 접어두고 실천부터 시작했다. 사업을 홍보하고, 노인을 모집하고, 연계할 지역 자원을 탐색하고, 다음 토론의 아이템을 개발하기까지 모든 것이 사회복지사의 몫이었다. 사업의 가치가 좋아서 시작했고, '그래! 해보자!'라는 마음으로 도전하였으나, 계속해서 밀려드는 업무에 좋은 가치는 더 이상 보이지 않았다. 어느 순간, 가치를 위해 일하는 것인지, 일을 위해 가치를 파는 것인지 헷갈릴 지경이었다.

'내가 일을 못하는 걸까? 내 능력이 부족한 걸까?' 선배시민을 사업으로만 인식한 사회복지사에게는 사업의 성공 여부만 중요했고, 이는 전적으로 역량의 문제라고 생각했다. 새롭게 시작된 선배시민 사업에서 눈에 띌 만한 성과를 거두기 어려웠고 담당자는 그 결과가 자신의 탓이라고 생각했다. 자신을 탓할 수밖에 없는 사업에 사회복지사가 지쳐가는 것은 당연한 수순이었다.

우리는 분명 선배시민을 배우고 공부했다. 게다가 그 가치와 철학이 좋아서 내가 하는 사업에 그것을 입히면 좋을 것이라 생각했다. 그리고 적용했다. 그런데 담당자에게 남은 감정은 뿌듯함이 아닌 공허함이었다. '누굴 위해 이렇게까지 해야 하나? 이렇게 하면 정말 바뀌긴 하는 것일까?'라는 의문이 들었다.

그 무렵 복지관 내부에서 다양한 학습동아리가 조성되었다. 선배시민 사업에 대한 고충을 토로하는 목소리가 터져 나왔다. 스스로의 능력을 의심했던 사회복지사들은 자신과 같은 고민을 하고 있는 동료를 보면서 반갑기도 했고 안심이 되기도 했다.

'아! 나만의 문제가 아니었구나.' '그럼, 대체 뭐가 문제야?' 우리는 동료들과 왜 선배시민 사업을 시도했는지부터 되짚어보았다. 애초 우리의 목적은 '노인이 시민으로서 공동체에서 당당하게 자기 목소리를 낼 수 있도록 하는 것'이었다. 그런데 우리는 노인이 목소리를 내도록 하는 모든 과정을 사업이라 생각하고, 그 과정의 결과가 기대했던 목표에 다다르지 못하면 실망하기 일쑤였다. 우리의 힘듦은 가치 지향이 아닌 실적 지향에서 온 것이었다.

선배시민을 내 생각과 사업에 녹여내는 여정은 쉽지 않았다.

실적 위주로 사업을 바라보던 우리는 어떻게 힘든 과정을 극복하고 선배시민 사업을 지속할 수 있었을까?

Q. 초창기에 선배시민 철학을 만났을 때 어땠나요?

서재순(팀장) 경기권역 관계자 회의를 담당하는 실무자로서 매뉴얼이 있으면 좋겠다고 생각했어요. 실제로도 매뉴얼에 대한 다른 기관 실무자들의 요청이 많았어요. 그래서 사업 매뉴얼을 만들고 싶었어요. 그런데 지금 생각해보면 매뉴얼이 없는 게 맞아요. 기관의 상황에 따라 진행 방식이 다르기도 하고, 토론을 통해 결정해야 하는 거니까 관련한 모든 것이 다를 수밖에 없어요. 그럼에도 불구하고 매뉴얼을 달라는 요청이 많았어요. 사실은 매뉴얼로 정해줄 수 있는 게 '돈은 이렇게 쓰세요', '캠페인은 한 번 하세요' 이런 것 정도잖아요. 이런 매뉴얼은 정해줄 수 있어도 '선배시민의 결론은 이거예요'라고 정해줄 수는 없었어요. 하지만 여전히 실무자들은 답이나 결론을 원했고 정해진 매뉴얼이 없다는 것에 힘들어했어요. 그렇게 사업을 해본 적이 없으니까 답답하고 막막할 수밖에 없죠. 사업의 가치나 철학이 좋다고 생각해서 공부를 하고 사업도 하지만, 하면 할수록 더 어렵고, 속 시원한 매뉴얼도 없고…. 우리가 말하는 선배시민은 스스로 시민권자임을 자각하고, 동료 시민들과 계속되는 대화를 통해서 더 나은 공동체를 만드는 과정이라고 생각해요. 사실 어르신들의 삶도, 후배시민의 삶도 대화로 풀어 이야기하는 거잖아요. 그러면서 자연스럽게 빵과 장미를 이야기할 수 있는 거죠.

Q. 선배시민을 처음 접했을 때 힘들거나 어려운 점은 무엇인가요?

    서재순(팀장) 선배시민을 공부하면서 처음에 이해할 수 없었던 것 중에 하나가 토론이 실천이라는 거였어요. 사회복지사들은 어디 나가서 캠페인을 하고, 몇 명이 참여했는지, 결과가 어땠는지 명확하게 나와야 실천이라고 생각해요. 그래서 처음에는 '토론이 왜 실천이야? 토론은 그냥 과정이지', '결과가 없는데 그걸 어떻게 실천이라고 할 수 있어?'라고 생각했어요. 그래서 혼자 답답해했던 것 같아요. 물어볼 사람은 관리자밖에 없고, 슈퍼비전은 제한적이었죠. 시시콜콜한 것까지 물어보고 싶었지만 물어보기도 그렇고…. 경기권역 관계자 회의 때마다 실무자들이 와서 '답답하다'고 하소연을 하더라고요. 그나마 실무자 간담회에서라도 고민을 이야기하고, 비슷한 어려움을 겪고 있는 동료 간의 슈퍼비전이라도 지속적으로 진행하면 좋겠다고 느꼈어요.

Q. 선배시민 학습 과정에서 토론을 하며 보람을 느끼거나 의미 있었던 순간은 언제였나요?

    서재순(팀장) 중간관리자 동아리인 인권다방에서 토론을 계속했어요. 처음에는 힘들었죠. 주기적으로 책을 읽는다는 것이 쉽지 않았어요. 그런데 어느 순간 토론이 주는 힘을 느끼게 됐어요. '우리가 이거 하자'라며 순조롭게 시작되는 경우도 있었지만, 의견들이 쌓여서 어느 순간 자연스럽게 의사결정이 이루어진 경우도 있었죠. 이런 과정을 통해 '토론이 이래서 중요하구나' 하고 느끼고, '진짜 토론이 실천이구나!'라고 깨달은 것 같아요. 토론을 하다 보면 발언하는 사람이 존경스러울 때가 있잖아요. 그 지점에서 서로가 공감할 수 있는 것 같아요. 동료들과 다양한 매개로 생각을 나누고, 대화를 나누는 것은 사회복지 현장에서 중요한 것 같아요.

신명희(관장) 토론을 하면 실적이 당장 나와서 뿌듯한 게 아니라, 우리 생각을 나누는 뿌듯함과 보람이 있어요. '왜 그렇게 했어?'라고 채근하는 맞고 틀리고가 있는 방식이 아니라 서로의 생각을 충분히 공감하고 나눴을 때 희열을 느끼게 되는 것 같아요. 삶을 살아가는 것은 서로의 생각을 맞춰가는 과정인데, 각자의 생각을 나눌 수 있는 현장이 얼마나 있었던가 하는 생각이 들었어요.

신은정(대리) 예전에는 토론하는 연습이 안 돼 있어서 더 힘들었던 것 같아요. 어르신들과 함께 토론하기보다 우리가 익숙한 방식대로 일방적으로 지시하고 결정하고 결과를 빨리 도출해내기에 급급했던 거죠. 각자의 생각들을 이야기하고 나누는 장이 없었고요. 그런 면에서 학습동아리가 저한테는 진짜 중요한 것 같아요.

Q. 선배시민이 나에게 주는 의미는 무엇인가요?

서재순(팀장) 계속 배워가고 있지만, 토론을 현장에 접목하는 것은 여전히 어려워요. 어르신들하고 토론을 하면 주변에서는 '토론을 굳이 왜 해요?'라고 물어요. 복지관은 어려운 사람들의 '먹고사니즘' 해결을 돕는 생존의 공간으로, 실존이나 의미 등을 다루는 것은 어울리지 않는다고 생각하죠. 하지만 선배시민과 존중받는 인간 대 인간으로서 만나는 과정에서 토론이 빠질 수 없고, 이것이 곧 선배시민 철학을 실천하는 것이라고 생각해요. 더 나아가 어르신들의 삶뿐만 아니라 우리 사회 구조와 그 맥락을 보게 되니까, 선배시민을 통해 세상 읽기가 시작된 것 같아요.

나를 찾아 떠나는 여행, 학습동아리

인권다방의 시작과 슈퍼비전 연계

　선배시민 사업 초기에는 중간관리자를 중심으로 개별 학습을 했다. 그러나 중간관리자가 선배시민 철학에 대해 잘 알고 있어도, 현장에서 누군가와 논의하고 결정하는 과정에서 생각을 나누기는 어려웠다. 중간관리자도 현장 전문가라고는 하지만 선배시민 사업에 대한 이해는 개인적인 지식에만 머물러 있어, 이를 동료들과 나누고 확산시킬 방법을 잘 몰랐다.

　이같은 어려움을 해소하기 위해 중간관리자들도 동료들과 함께 나눌 수 있는 '인권다방' 학습동아리를 만들었다. 처음에는 토론이 자유롭지 않았다. 내 생각이 틀려 창피해질까 봐, 내가 한 말이 의미 없는 이야기로 전달될까 봐 말을 못 하고 어색하게 지낸 시간이 길었다.

서로의 생각이 다름을 인정하고, 존중하는 분위기가 서서히 잡혀나갔다. 인권다방 구성원들은 시간이 지나면서 의견을 자유롭게 말할 수 있게 되었다. 선배시민을 업무와 연결 짓고 사업에 관해 이야기를 나누고, 사회적인 문제와도 연결 지어 바라보며 사회를 비판하는 나를 발견하게 되었다.

유범상 교수와 최고관리자의 슈퍼비전과 더불어 다른 동료들과 나누며 배우는 또다른 슈퍼비전의 힘을 느끼게 됐다. 실천을 통해 나의 생각도 확장되고, 동료들의 생각도 확장되며 함께 성장하는 힘을 느낄 수 있었다.

Q. 인권다방 학습동아리가 나에게 주는 의미는 무엇인가요?

박희진(부장) 학습동아리를 통해서 '동료를 만났다'라는 거죠. 예전에는 선배시민뿐 아니라 무엇이든 새로운 변화를 시도할 때 외롭다는 느낌이 들었다면, 지금은 함께하는 동료들이 있구나! 동료를 만났다! 라는 게 가장 큰 의미 같아요. 같은 곳을 바라보고 가는 즐거움이 있고, 그래서 더 가능성이 있는 것 같아요. 예전에도 타 기관들과 함께하는 학습동아리에 참여하곤 했는데, 활동 후 기관으로 돌아올 때는 혼자였어요. 그런데 여기는 어떤 목적을 가지고 만났다 흩어지는 게 아니라 일상을 같이하는 중에 매달 만나는 것이어서 완전히 다르죠.

전수희(과장) 처음에는 어차피 유범상 교수님이 말하는 것이 답일 텐데라고만 생각했어요. 그런데 지금은 정해진 답이 없다고 생각해요. 학습동아리를 통해서 내가 생각하는 선배시민은 무엇일까를 생각하고 방향을 설정해보게 된 것 같아요. 일을 위한 일이 아니라 이 일을 통해서 사회복지사로서도 어르신들에게도 의미 있는 프로그램이면 좋겠는데라는 생각으로 슈퍼비전을 하고 있더라고요.

이재상(과장) 그전에는 기관에 속한 직원이기 때문에 기관의 미션이나 비전에 대해 이해하고, 맞춰나가야겠다는 마음으로 임했죠. 그런데 교수님 교육을 듣고, 동료들과 생각을 나누는 과정에서 가치나 철학에 대해 생각하는 사회복지사가 된 것 같아요. 직책을 가진 사람, 피드백을 주는 과장의 역할만이 아니라 근본적으로 우리가 왜 일을 하는지에 대해 의미를 묻고 고민하는 사회복지사요.

조수경(과장) 다른 사람의 생각에 100% 동의할 수는 없어도 인정하고, 저런 생각도 할 수 있구나라며 생각의 참신함에 감탄할 줄 알게 됐어요. 같은 책인데도 집중하는 부분이 사람마다 다르고, 같은 대목도 다른 맥락에서 해석한다는 데 재미를 느꼈던 것 같아요. 이전에는 사업을 진행할 때 앞선 것들과 똑같은 방식으로 계획해서 결재를 올렸다면, 지금은 조금 다른 시각으로 바라보고 제언하게 돼요. 우리 팀은 재가 어르신 프로그램이 많은데요. 이제는 프로그램을 진행하는 것에서 끝나거나 어르신들만을 위한 활동에 그치지 않고 지역과 나눌 수 있는 활동을 제안하기 위해 우리의 방향성을 좀 더 녹여내려 노력하고 있어요.

서재순(팀장) 학습동아리는 영양제 같아요. 덕분에 토론의 힘을 느낀 거죠. 업무 중에 느끼는 가치나 철학의 깊이가 예전과는 달라요. 나도 모르게 생활 속에서 선배시민의 가치와 철학이 엮일 때가 있어요. 주기적으로 인권에 관한 이야기를 나누면서 책도 읽고 피드백도 나누며, 담당자들이 어떤 마음으로 사업을 하고, 어떤 고민을 하는지 관심을 갖게 되는 것 같아요. 동료의 슈퍼비전을 내 나름대로 이해하는 과정이 피가 되고 살이 되고 있어요. 사회복지사로서의 회복력이 생기는 것 같아요.

동료와 함께하는 기쁨

'목요클럽'은 각 부서의 관리자인 대리, 팀장, 관장으로 구성된 학습동아리다. 2018년 목요클럽 학습동아리가 꾸려졌다. 처음에는 학습동아리 형태가 아니라 직원들의 단합과 처우 개선을 위해 문화 여가 생활을 도모하기 위한 월례회의에서 레크리에이션, 직원 연수 등을 준비하는 형태로 진행되었다. 행사·예절·친절 교육을 준비했고, 직원들에게도 의미 있는 시간이었다. 그러나 정작 활동이 끝나고 나면 목요클럽의 대리나 팀장 들에게 남는 것이 없었다.

그렇게 1년이 흐른 뒤 구성원들은 우리가 목요클럽을 왜 하는지, 우리가 얻고자 하는 것은 무엇인지에 대한 근본적인 고민부터 다시 시작하게 되었다. 목요클럽 구성원들은 성장, 역량 강화, 힐링 등을 목표로 운영해보자고 의견을 모았다. '사회 문제에 대해서도 토론해보자', '영화 등 영상물을 매개로 해보자' 같은 의견이 나왔지만 무산되었다.

2019년 복지관 리모델링 준비로 인근에 위치한 성남동 성당 임시 사무실로 이전하면서 신명희 관장이 부임해 왔다. 기관 리모델링으로 목요클럽 구성원들이 이야기를 나눌 기회가 더 자주 있었다.

목요클럽 구성원들은 사회복지 실천 현장에 있는 사회복지사로서 노인들과 만날 때의 역할과 방향에 대해 고민해왔는데, 학습을 매개로 이러한 고민들을 나눠보자는 의견이 제시됐다. 목요클럽 구성원들의 이야기를 듣고 관장 또한 학습동아리에 참여하게 됐다.

새롭게 구성한 목요클럽 첫날 한국방송통신대학교 사회복지학과의 〈사회복지 발달사〉 강의 영상을 같이 보고, 생각을 나누었다. 초반에는 침묵의 시간이 길었고, 누군가의 생각에 동의할 때는 "네, 저도 같은 생각입니다"라고만 말하기도 했다. 생각을 언어로 표현하고 대화까지 나누려니 불편하고 어색하기도 했다.

자기 목소리를 내는 연습을 위해 항상 근황을 나누며 모임을 시작했다. 동료들과 근황을 이야기하다 보니 편안한 분위기가 되었고, 그 안에서 내 생각을 자연스럽게 말할 수 있게 되었다. 근황에 대한 이야기가 모임의 절반을 차지할 정도였다.

매월 한 번씩 도서, 영화, 유튜브 영상, 논문 등 다양한 매개물을 선정하고 활용해서 내 생각을 언어로 표현했다. 목요클럽 구성원들과 대화를 하다 보니, 동료와 같은 생각도, 내가 알지 못했던 생각도 나누게 되었다. 사회복지 현장이나 사업에 대해 이야기 나누는 것에서 나아가 내 삶의 영역과도 연결 지으면서 대화의 깊이가 달라졌다.

모임 초반에는 이야기를 하지 않았던 한 대리는 이제 말을 많이 하는 동료로 손꼽힌다. 심지어 목요클럽 동료들에게 먼저 제안하기도 한다. "날씨도 좋은데 밖에서 학습동아리 활동을 해보는 건 어때요?", "오늘은 제가 다과를 준비했어요. 드시면서 이야기 나눠요."

전에는 토론을 매개할 수 있는 유튜브 영상, 영화, 도서를 알아보는 것에 중점을 두고 목요클럽 학습동아리를 운영했다. 다음 모임에는 어떤 도서로, 어떤 영화로 토론을 할까 고민했다. 그러나 지금은 매개물에 큰 의미를 부여하지 않는다. 어떤 매개물을 선택해서 토론할 것이냐보다는 내 삶의 이야기를 나누는 과정이 중요하다. 이러한 변화는 토론하는 든든한 동료들이 함께였기에 가능했다.

Q. 목요클럽 학습동아리에 참여하게 된 계기가 있나요?

최유진(팀장) 인권다방 학습동아리의 영향이 큰 것 같아요. 그전에는 직원들을 위한 서비스를 제공하는 것이 목적이었다면, 이제는 우리도 사회복지사로서 성장해보자는 생각이 큰 것 같아요.

신은정(대리) 2019년 사회참여팀에 오게 됐어요. 당시에는 선배시민 대학, 선배시민 디딤돌 자조모임 담당자로서 학습을 해야만 일을 제대로 할 수 있었어요. 제가 선배시민 철학을 제대로 이해하고 있어야 선배시민들과 같은 방향으로 목소리를 낼 수 있는, 업무상 필요에 의해 혼자서 학습을 해왔어요. 그렇다 보니 영상물을 혼자서 보고 '아 그렇구나' 정도로 공부를 끝내기 일쑤였어요. 혼자서 하다 보니 활동으로 나아가지 못하고 지식에만 머물러 답답했고, 어려웠지요. 그때 목요클럽에서 대리, 팀장 들과 학습하고 이야기를 나눌 수 있다는 것에서 약간의 희망이 보였어요.

홍세희(대리) 대리님, 팀장님, 관장님과 함께 선배시민을 확장시키고 싶어서 목요클럽에 들어가게 되었어요. 아직 제 생각을 말하는 것이 어려운데, 동료들 간의 피드백을 나누는 것이 생각의 폭을 넓히는 데 도움이 될 것 같았어요.

이경민(대리) 영상을 보든, 책을 읽든 그다음에 이야기를 나눈다는 점이 새로웠던 것 같아요. 딱딱하고 업무적인 회의 형식이 아니라 생각을 이야기하고 그 안에서 힐링하자는 생각으로 임하게 되었던 것 같아요.

신명희(관장) 중원노인종합복지관에 부임하면서 선배시민을 기관의 방향성으로 가져가고 있다고 들었어요. 일을 하며 관련 영상물을 보고 자료를 읽어왔는데, 그래도 선배시민이 낯설었어요. 그런데 한두 달 사이 내가 느낀 이곳의 조직문화와 선배시민의 가치가 상반된다는 느낌이 들었어요. 우리가 지향하는 가치는 상당히 민주적이고, 이상적인데 현실에는 이런 것들이 녹아나지 않는 괴리감이 느껴졌던 거예요. 이러한 상황에서 대리님들에게 목요클럽에서 학습을 하려고 한다는 말을 듣고 저도 함께하고 싶다고 의견을 냈어요. 목요클럽의 구성원으로 받아준다면 열심히 할 생각이었고, 실제로 학습동아리에 들어가서도 배우는 입장에서 쫓아가기 바빴어요.

Q. 목요클럽 학습동아리에 참여하면서 보람되거나 기억이 남는 순간이 있었나요?

최유진(팀장) 대리님, 관장님하고 이야기를 하고, 외부에 나가서 다른 학습동아리는 어떻게 운영하는지도 보면서 세상을 보는 시야가 넓어진 것 같아요.

신은정(대리) 영상물을 보고 혼자 학습하는 데서 그치는 것이 아니라, 이야기를 나눌 수 있고 생각을 나눌 수 있는 동료들이 있다는 게 좋았어요. 팀장님, 대리님 들이 한마디씩 하는 이야기를 들으면서 나랑 같은 부분은 반가웠고, 나와 좀 다른 의미로 받아들인 부분에 대해서는 새롭다고 느꼈어요.

홍세희(대리) 선배시민을 이야기할 때 대리님, 팀장님의 생각을 듣고, 이런 생각을 하는구나 하면서 저도 그것에 공감을 하고, 또 누군가가 물어 올 때 스스로 대답을 할 수 있게 된 걸 보면서 나도 성장하고 있구나라는 자신감을 얻게 되었어요.

이경민(대리) 말을 편하게 할 수 있는 분위기가 좋았어요. 그게 목요클럽의 제일 큰 장점인 것 같아요. 직원들이 업무적인 것을 떠나서 우리가 할 수 있는 이야기, 역량 들을 나누니 좋았어요. 처음에는 말하는 것이 부담스러워 쭈뼛쭈뼛했죠. 그래도 거듭 만나다 보니 그 분위기에 익숙해지고, 내가 한 말을 동료들이 인정해주고 공감해주는 것이 고마웠죠.

신명희(관장) 대리님들에게 굉장히 고마웠어요. 대리, 관장 같은 직급을 떠나서 나를 받아준 게 고맙고, 나아가 환대의 느낌까지 받았어요. 그리고 형식적이지 않구나, 실질적으로 뭔가를 배우려고 모였구나 생각하게 됐죠. 무엇보다 그 마음이 저와 같았어요. 이미 세팅된 딱딱한 분위기가 아니라 대리님, 팀장님들이 같이 배우고, 같이 시작하는 기분이 들어서 좋았어요.

Q. 목요클럽 학습동아리가 나에게 주는 의미는 무엇인가요?

신명희(관장) 선배시민을 더 깊게 아는 계기가 되었고, 이야기 나누면서 대리님들의 고민과 생각을 알게 되었어요. 직급을 떠나 조직 안에서 마음을 나눌 수 있는 동료가 될 수 있다는 게 든든했죠.

최유진(팀장) 관장님이랑 이야기하면서 서로를 알아가는 시간이었어요. 내가 아닌 다른 사람의 업무에 대해서도 조금이나마 알 수 있었고요. 이제야 내가 어려울 때 도움을 요청하는 누군가의 손을 잡아줄 줄 아는 동료가 된 것 같아요.

신은정(대리) 선배시민을 학습하며 스스로 성찰하고 반성하였어요. 선배시민을 공부하면 할수록 나의 삶, 관계, 조직에서 이를 실천하고 있나 스스로 돌아보게 돼요. 처음에는 어르신이 선배시민으로서 지역사회에 참여하고, 후배시민과 공동체를 돌보는 존재로 변화할 수 있도록 도와야겠다고만 생각했거든요. 근데 그게 아니더라고요. 내가 사회복지사로서 선배시민으로서 이 가치철학을 지향하면서 살아가고 있는지 반성하게 됐어요. 결국엔 나라는 사람도 변화가 필요했어요.

최유진(팀장) 대화하는 방법을 배웠어요. 선배시민을 통해 조직 안에서 나랑 같이 일하는 동료의 생각을 더 들어보고, 질문도 하게 되고, 상대방이 이야기하는 의도를 더 잘 파악할 수 있는 계기도 되었어요.

이경민(대리) 재가복지를 담당하고 있는데요. 어르신들에 대한 생각이 좀 바뀌게 된 것 같아요. 전에는 이 어르신이 실버카를 끌고 있다고만 생각했다면, 지금은 어르신들이 다른 영역에서도 충분히 활동에 참여할 수 있는 존재구나라고 관점을 바꾸게 되는 계기가 되었어요.

홍세희(대리) 『선배시민』 책을 같이 읽으면서 총체성에 꽂혔어요. 혼자 책을 읽을 때 총체성은 그저 읽고 넘겼던 장이었는데, 같이 읽고 내용을 알게 되니까 '시민권은 기본권이구나' 하고 비로소 알게 되었지요. 그래서 이제는 어르신이나 동료를 바라볼 때도 총체성의 관점에서 자세와 태도까지 달라졌어요.

신명희(관장) 선배시민을 처음 만났을 때에는 노인을 위한 사업이라고만 생각했어요. 이를 잘 수행하기 위해 노인을 변화시키고, 노인이 참여할 수 있도록 하려고만 했죠. 그런데 사업을 하다 보니 선배시민 철학 자체가 시민권이라는 보편적인 내용이고, 민주주의를 지향하는 것임을 깨닫게 되었어요. 그런 것들을 선배시민 사업에서 실천하기 위해 내 고민을 우리 관계에, 우리 조직에 녹여낼 수 있는 시발점이 동료들과 이야기하고 나누는 시간이었다고 생각해요.

사회복지사 학습동아리로 구현된 토론의 광장

목요클럽 학습동아리에서 경험했던 긍정적인 변화와 영향력은 모든 직원에게 알려졌다. "연차가 있는 직급자들만 학습하나요?" "일반 동료들과도 선배시민 가치철학을 함께 나누면 좋을 텐데…." 모든 직원을 대상으로 개인별 면담을 진행했다. 학습의 욕구는 어느 누구에게만 있는 게 아니었다. 모든 직원에게는 함께 나누고, 경험하고자 하는 배움의 욕구가 있었다.

2020년 코로나19로 복지관 대면 운영이 중단된 가운데 모든 직원이 모여 선배시민을 다시 학습하였다. 후속 작업으로 평직원으로 구성된 학습동아리를 조직했다. 평직원 학습동아리는 '마리다', '너목들', '상상상' 세 개로 조직되었는데, 한 동아리당 관리자 1명, 실무자 4~5명으로 구성했다. 〈사회복지 발달사〉 영상을 보고, 영상에 대한 각자의 생각을 나누는 것을 시작으로 한 달에 한 번 모임이 시작되었다.

차이가 편안히 드러나는 광장으로서의 학습동아리는 중원노인종합복지관의 모든 직원에게 확산되어 사회적인 관점을 다시 정립하는 시발점이 되었다. 우리는 그 광장에서 한 인간을 인간답고 의미 있게 살 수 있도록 하기 위해 의미를 묻는 사회복지사로 거듭나고 있다.

Q. 학습동아리에 참여하면서 보람되거나 기억이 남는 순간은 언제였나요?

이은춘(사회복지사) 처음에는 관리자 학습동아리밖에 없었어요. 모여서 학습하려면 연차가 돼야 하는구나라고 생각했어요. 그런데 저도 막상 학습동아리 활동을 하고 보니 학습이라는 게 다른 의미로 다가왔어요. 시민으로서의 권리와 의무에 대해서도 대화가 되더라고요. 토론하는 동료들과 편안하게 이야기를 나눌 수 있는 장이 있다는 점이 가장 좋았어요.

정영이(사회복지사) 내 생각을 이야기할 수 있다는 것이 뿌듯했어요. 다른 구성원들의 생각을 들어보는 경험도 유익하더라고요. 다른 직원들의 사업에 대한 생각을 잘 이해할 수 있었고, 그들의 호기심을 배우는 기회가 되기도 했어요.

이여경(사회복지사) 처음에는 말하는 게 부담스러웠어요. 그런데 누군가가 말하느라 애쓰는 게 느껴지면 안쓰러워서인지 용기가 나서인지 다른 사람도 말을 하게 돼요. 지금은 1년 전에 비하면 사람들이 말을 많이 하는 거예요. 한 마디도 안 하고 갔던 적도 있었어요. 우리가 질문을 던지는 것 자체를 해본 적이 없어서이기도 했던 것 같아요. 그렇게 모임이 거듭되면서 그 안에서 생각의 차이를 느낄 수 있었어요.

Q. 학습동아리가 나에게 미친 긍정적인 영향은 무엇이었나요?

이은춘(사회복지사) 내가 어떤 생각을 하느냐에 따라 사업이 달라지는 걸 경험을 했어요. 처음에 일자리 사업을 했을 때는 매뉴얼에 따라서 어르신들한테 응대하고 수동적으로 일을 했어요. 학습동아리를 하면서 선배시민이 내 일상에 녹아들게 된 시점이 있었던 것 같아요. 권리형 자원봉사가 존립하려면 노인 일자리도 변해야 한다고 생각해요. 27만 원을 받기 위한 허드렛일 일자리가 아니라 우리 공동체를 위해서 선배시민의 철학에 맞는 권리형 일자리를 실무자들이 개발해야 되지 않을까, 이런 일자리를 개발해보자고 정책을 제안하는 역할을 해야 하지 않나, 사회복지사로서 이런 생각이 들었어요.

이여경(사회복지사) 선배시민을 학습한 뒤 어르신을 바라보는 내 시선이 변화했음을 느꼈어요. 기존에는 사례관리를 하면서 어르신들의 불쌍함과 가난함을 어떻게든 확인하고자 상담을 했다는 자성을 하였어요. 어르신들이 불쌍함을 어필하지 않아도 본인 스스로 존중받고 생각할 수 있게끔 하면 좋을 것 같아요. 어르신들이 자기 목소리를 낼 수 있도록 연습하고 즐거운 뭔가를 능동적으로 할 수 있도록 하기 위한 사업을 고민하게 됐어요.

장희주(사회복지사) 노인을 바라보는 관점에 변화가 생긴 것 같아요. 노인이라는 대상자가 수혜자라는 생각이 컸어요. 그런데 선배시민을 배우면서 노인이 받기만 하는 사람이 아님을 알았어요. 노인은 삶의 지혜가 있다는 말을 처음에는 이해하지 못했는데 선배시민 활동을 하시는 분들을 보면서 생각이 바뀌었어요.

정영이(사회복지사) 처음에는 '선배시민'이란 말도 그냥 '공동체를 돌보는 선배시민'이라는 텍스트로만 외웠던 것 같아요. 그러다 학습동아리를 하면서 선배시민에는 다양한 갈래가 있다는 걸 알게 됐고 조금씩 제 방식으로 개념화했던 것 같아요.

김태현(사회복지사) 사례관리를 할 때에도 선배시민 철학을 반영해서 해야 한다는 의견이 있어 팀원과 논의하게 됐어요. 제가 어르신 특성상 선배시민을 녹여서 하기는 어렵다는 의견이 있었지만, 사업 방향을 변경하고 보니 나눔을 실천하는 모습에서 결과물이 다르게 나타났어요. 나눔은 불쌍한 사람들을 위한 자선이라고만 생각했는데, 온전한 인간으로 존중하는 실천이라 생각하면서 방향성이 달라졌어요.

선배시민을 실천하는 사회복지사들의 한마디

서재순(팀장) 사회복지사의 가치를 높이는 사회복지사이고 싶어요. 봉사하는 사람, 어르신한테 친절하고 좋은 사람 말고는 사회복지사를 설명하기 어려웠어요. 사회복지사가 전문직이라고 생각했지만, 사회복지를 모르는 사람한테 그들이 알고 공감하는 단어로 설명하지 못했어요. 스스로도 내 설명이 만족스럽지 않더라고요. 그런데 선배시민 교육을 통해 사회복지가 복지서비스만 전달하는 게 아니라 조직도 하고 교육도 하는 등 사람을 변화시킬 수 있는 일이라는 걸 경험했고, 그런 변화들을 알리고 싶었어요. 선배시민 사업을 지속하다 보면 그 가치에 동조하고 공감해주는 동료들, 어르신들이 많아질 것 같아요. 사회복지사가 교육을 비롯해 사회에 기여할 수 있는 다양한 길을 찾아나간다면, 우리 스스로도 자존감이 높아지고 어르신들이 생각하는 사회복지사의 존재감도 높아지지 않을까 생각해요.

박희진(부장) 나만을 위한 일이 아닌 타인의 삶에 기여할 수 있는 사회복지사이고 싶어요. 이타성이 생기니 자부심과 긍지도 생겨요. 기계적으로 일하지 않고 우리가 지향하는 바를 생각하면서 공동체를 만들어가고자 합니다.

이재상(과장) 공동체 안에서 한 명의 동료가 되는 사회복지사이고 싶어요. 중요한 것은 사회복지사의 연대하려는 태도인 것 같아요. 이 태도만 있다면 그가 구체적으로 하는 활동이 교육이든 잔여적 복지이든 상관없이 종전과 다른 차원의 의미를 갖는다고 생각해요.

조수경(과장) 질문하고 생각하는 사회복지사가 되고 싶어요. 쳇바퀴 굴러가듯 하는 사업이 많잖아요. 근데 거기서 '내가 왜 하고 있지?', '우리는 뭐지?' 하는 식으로 궁금해하며 방향성을 찾아나가고 싶어요. 그러기 위해서는 질문하고 생각하는 일을 끊임없이 해야 할 것 같아요.

신은정(대리) 그전에는 불쌍한 사람을 돕는다는 자선의 행위로 사회복지 실천을 해왔는데, 지금은 불쌍한 사람이 생기지 않는 사회를 만드는 게 사회복지라는 생각이 들어요. 큰 틀, 사회 구조를 보며 정의롭지 않은 부분에 관심을 갖고, 목소리를 내고 싶어요. 이러한 관점으로 선배시민, 후배시민과 같이 활동하며 생각을 나누고, 실천을 만들어가겠습니다.

최유진(대리) 자선과 권리가 공존하게 만들 수 있는 사회복지사가 되고 싶어요. 우리 기관에서 배운 걸 우리끼리만 토론할 게 아니라 좀 더 다양한 동료들을 만나서 '어르신 스스로 주체성을 가질 수 있는 사회복지를 해봅시다'라는 메시지를 전달하는 역할을 해보고자 합니다. 행동하는 사회복지사가 되어야 한다는 생각이 들어요.

홍세희(대리) 과거에는 친절하고 어르신들의 삶의 질을 높여주는 사회복지사가 되고 싶다는 막연한 꿈만 있었는데, 지금은 철학이 명확하게 있어야겠다는 생각이 들어요. 사회복지 철학이 명확한 사회복지사가 되고 싶어요. 이것에 대해서는 아직도 질문을 계속 던지고 있어요.

이경민(대리) 이전에는 내가 어르신들을 이끌고 가야 한다고 생각했다면, 지금은 시간이 오래 걸리더라도 이들과 함께 걸어가야겠다고 생각하게 된 것 같아요. 그래서 앞으로도 조금씩 같이 가면서 이 지역사회에 변화를 일으킬 방법과 모든 시민을 연결할 수 있는 길을 찾고 싶어요.

신명희(관장) 사회복지사라면 어떤 사회복지사가 될 것인가에 대한 정체성은 계속해서 고민해야 한다고 생각해요. 그런 질문을 하지 않으면 서비스 전달에 머물 수밖에 없거든요. 자기 철학을 가지고 일하는 사회복지사가 의외로 드물어요. 학습동아리가 그런 질문들을 우리에게 끊임없이 던진다고 생각해요. 선배시민이 멀리 있다고는 생각하지 않아요. 선배시민을 공부했던 사람이라면 한 인간을 불쌍하게만 보는 것이 아니라 연대의 마음으로도 볼 수 있어야 한다고 생각해요.

이은춘(사회복지사) 어떤 현상이나 문제에 대해 질문하는 사회복지사이고 싶어요. 사회복지를 시작하기 전에는 잔여적으로만 생각했어요. 사회복지사는 좋은 일을 하는 사람, 봉사 정신을 가지고 어렵고 힘든 사람을 도와주는 사람이라고 생각했죠. 그런데 선배시민을 학습하고 나서는 사회를 바라보는 관점이 생긴 것 같아요. 개인의 노력만으로는 안 되는 문제구나, 국가가 국민들을 위해 작동해야 하는구나, 국민의 위기는 국가가 돌봐야 하겠구나 자각하게 됐어요. 그래서 사회복지를 하게 됐어요. 사회복지사가 되고 나서 지금까지 또 변화가 있었던 것 같아요. 우리가 조금만 생각해보면 또 다른 변화가 있을 것 같아요. 저 혼자 자각한 것을 많은 친구와 조금 더 나누고, 뜻을 같이하는 동료, 선배시민 들과 함께 실천하고 싶어요.

3. 달라진 실천과 우리들의 고백

서비스 제공자에서 교육가로

'친절한 사회복지사가 되고 싶습니다.'

흔히 사회복지사는 친절한 사람, 봉사하는 사람으로 일컬어진다. 그렇다면 사회복지사는 어떻게 친절해야 하고, 무엇을 봉사해야 할까? 바로 서비스를 통해서이다. 노인복지관에서는 노인복지 서비스를, 장애인복지관에서는 장애인복지 서비스를 제공한다.

중원노인종합복지관에서는 노인의 노후 생활 영위를 위한 식사·건강·교육 서비스와 함께 노인이 요청하거나 특별히 원하는 특정 서비스를 기획하고 제공한다. 노인들에게 어떻게 하면 양질의 서비스를 제공할 수 있을까, 이용의 불편함을 줄일 수 있을까, 고민하고 친절한 서비스 제공을 위한 직원 교육을 실시하기도 한다. 사회복지사들이 두려워하는 것 중에 하나는 서비스에 불만을 가진 노인이 지자체에 제기하는 민원이다. 왜 그 서비스를 이용하지 못하게 하느냐, 그 직원은 왜 친절하지 않느냐 등의 민원이 접수되었다고 하면, 해당 사회복지사는 매우 곤혹스럽다. 사회복지사에게 '친절'이라는 덕목을 강조하는 요인 중 하나이기도 하다.

우리 복지관에서 근무하게 된 초임 사회복지사에게 어떤 사회복지사가 되고 싶은지 물으면, 다수가 '친절한 사회복지사', '말을 잘 들어주는(경청하는) 사회복지사'가 되고 싶다고 한다. 이는 복지관 회원뿐 아니라 사회복지사 스스로도 '사회복지사=친절한 복지서비스 전달자'라는 역할을 가장 크게 인식하고 있음을 증명한다.

우리는 사회복지를 공부하면서 사회복지사의 여러 역할에 대해 배웠고, 현장에서 다양한 역할을 하게 될 것으로 기대했다. 중개자, 옹호자, 사례관리자, 교육자, 상담가 등의 역할을 하는 전문가라고 배우고 인식했다. 그런데 우리는 왜 스스로 서비스 전달자로서의 역할만을 중시하게 됐을까? 사회복지사의 주요 업무를 통해 생각해보자.

노인복지관의 6대 사업 중 3개 사업(노년 사회화 교육, 사례관리 및 지역사회 돌봄, 상담) 관련 업무는 다음 페이지의 표와 같다. 대부분의 업무가 노인과 만나 상담하고, 노인에게 필요한 서비스 정보를 제공하는 것이다. 노인에게 어떤 것이 필요한 서비스인지 사정한 후 어떤 분에게는 교육 서비스를, 어떤 분에게는 밑반찬 서비스를, 또 다른 분에게는 전문 상담 서비스를 연계한다. 그러고 난 후 일정 기간이 지나면 연결한 서비스에 만족하는지, 혹은

사회복지사의 주요 업무

사업명	주요 업무
노년 사회화 교육	• 교양 교육 프로그램(어문, 인문학, 댄스, 음악, 미술, 체조, 체육 등) • 취미 여가 프로그램(자율 프로그램, 나들이, 절기 행사, 선수선발대회, 친목대회 등) • 정보화 프로그램(스마트폰 교육, 컴퓨터, 사진 촬영 등) • 평생교육 특강 • 강사 관리
사례관리 및 지역사회 돌봄	• 사례관리(상담, 사례 회의, 모니터링, 위기관리 등) • 일상생활 관리(밑반찬, 부식, 주거 환경, 세탁, 외출, 김장, 이미용 지원) • 정서지원(집단 프로그램) • 기타행사(나들이, 명절, 봄나기, 여름나기, 송년행사)
상담	• 신규 회원 가입 및 오리엔테이션 • 복지 정보 제공 및 이용 상담 • 외부 전문가 상담(세무, 채무, 법률, 사전 연명의료 의향) • 심리 상담/심리 검사 • 집단 상담

수정해야 할 서비스는 무엇인지, 그 이유가 무엇인지 분석한다. 복지관 회원이 만족할 만한 서비스를 제공하기 위해 끊임없이 노력한다. 서비스 제공을 위한 상담에서 더 나은 서비스 제공을 위한 연구까지 사회복지 현장에서 서비스는 처음이자 끝이다.

서비스 제공자를 넘어 교육 조직가로

선배시민 대학 수료자들로 조직된 자조모임은 선배시민 사업 담당자에게 서비스 제공자가 아닌 교육자의 역할을 요구했다. 선배시민 교육을 운영하는 기관이 많아지면서, 교육 강사 섭

외가 갈수록 어려워졌다. 선배시민 교육의 성패는 강사 섭외에 달렸다고 생각한 담당자는 교육 강사 섭외에 매달려야 했다. 하지만 선배시민 교육 일정은 기관에서 일방적으로 정할 수 있는 문제가 아니었다. 강의를 진행하는 강사 일정에 따라 교육 일정을 조정해야 했고, 담당자는 스케줄이 확정될 때까지 불안했다.

우리가 선배시민 대학 강사 역할을 해야 해요! 지금까지 우리 기관에서 가치 교육을 꾸준히 진행해왔고, 그 교육에서 사회복지사가 교육가로서의 역할을 해야 한다고 수없이 이야기했는데, 우리 기관은 아직도 교육자의 역할을 수행하지 못하고 있어요. 우리가 지금까지 배워왔던 것들로 선배시민 강사 역할을 충분히 할 수 있을 거라 생각해요!

관장이 말했다. 관장의 결심은 확고한 반면, 노인들 앞에 당장 강사로 서야 하는 중간관리자의 머릿속은 복잡했다. '그 어려운 강의를 과연 할 수 있을까?'라는 의문 속에 마음까지 혼란스러웠다. 이어 복지관 내 선배시민 강사 활동을 위한 TF팀이 꾸려졌다. TF팀에 배정된 팀원들의 볼멘소리가 터져 나왔다. "선배시민은 철학이라고 불릴 만큼 선배시민 안에 들어 있는 가치와 철학을 잘 전달하는 것이 중요한데, 우리가 과연 그것을 할 수 있을지 모르겠어요." "잘 모르고 강의를 했다가 선배시민의 가치를 왜곡하는 결과를 낳으면 어쩌죠?" "사람들 앞에만 서면 목소리가 떨리는데…." 다양한 걱정이 회의실을 가득 채웠다.

우리는 유범상 교수님이 아니에요. 우리가 교수님들처럼 선배시민을 잘 전달할 수 있을 거라는 생각은 할 수 없죠. 하지만 우리가 교수님들보다 더 유리한 것은 어르신들과 생활을 같이하고, 어르신들과 이야기를 잘 나눌 수 있다는 것이에요. 우리가 어르신들에게 가치와 철학을 전달한다고 생각하지 말고, 어르신들에게 질문을 던지고, 그 질문에 대한 생각을 나누는 거라고 생각해봅시다. 어떤 질문을 던질지 생각하는 것부터 시작해봐요! 말로만 하는 것은 어려우니 교안으로 만들어봅시다!

관장의 리드와 기획홍보팀의 지원 아래 강의에 쓰일 질문으로 이루어진 교안을 만드는 것에서부터 활동을 시작했다. 선배시민 교육 TF팀은 어르신 교육을 위한 팀과 신입 직원 교육을 위한 팀으로 나뉘었고, 각 교육의 참여자에게 걸맞은 질문으로 구성하고자 하였다. 활동 초기 TF팀 과업은 다음 페이지의 표와 같았다.

어르신 교안팀과 신입 직원 교안팀의 표면적인 목표는 달랐지만 본질적인 목표는 같았다. 어떻게 해야 선배시민을 쉽게 전달할 수 있을까? 어떻게 해야 각자의 삶에서 선배시민을 체감할 수 있을까? 어떻게 하면 이야기를 쉽게 풀어낼 수 있을까?

선배시민 교육은 머리가 아닌 가슴으로 느끼는 것임을 경험했기에, 선배시민을 어르신과 신입 직원의 가슴에 어떻게 닿게 할 것인가에 골몰했다. 가끔 그 노력이 선배시민에 관한 질문으로 되돌아오기도 했는데, 그때 중요한 것은 팀원들의 피드백이었

선배시민 교안 구성안

구분	어르신 교안	신입 직원 교안
활동 목표	• 어르신의 생각과 참여를 유도할 수 있는 질문 도출하기 • 어르신의 언어로 작성하기 • 가볍고 접근하기 쉬운 수준으로 작성하기	• 선배시민 대학 1~8강 수준별 재구성 • 복지관 사례 중심 사업 소개로 선배시민 기초 개념 정립 및 현장 응용 도움
활동 방법	• 선배시민 대학 주차별 담당자 지정 • 선배시민 대학 주차별 내용에 대한 질문 구성 • 워크시트 가안 제작(사례 발굴 등) • 워크시트 내용 토론, 피드백 • 워크시트 수정 • 워크시트 기반 강의 교안 작성	• 선배시민 대학 1~8강 시청 및 내용 토론 • 각 팀 선배시민 적용 사례 정리 • 워크시트 가안 제작 • 워크시트 내용 토론, 피드백 • 신입 직원 교안 작성

다. 내가 알고 있는 개념이, 혹은 내가 동의하는 가치가 모든 사람에게 다른 무게와 비중으로 느껴질 수 있다는 것을 동료와의 대화를 통해 알 수 있었다. 우려와 걱정 속에 시작되었던 선배시민 교안 작성을 위한 TF팀은 2021년 3월부터 6월까지 계속되었다. 친절하고 좋은 서비스를 전달하기 위해 연구했던 사회복지사들이 선배시민을 전달하는 교육자로 발돋움하는 과정이었다. 그 과정 끝에 사회복지사가 제작한 선배시민 교안이 놓였다.

다음 표는 선배시민 교육을 시작했을 때의 초안이다. 그 이후로 강의를 진행하며 개념이 어려웠던 질문, 공감을 얻지 못했던 질문, 답을 정해놓았던 질문 들은 수정되었고, 아직도 매 강의 전 수정 과정을 거치고 있다.

선배시민 교안 초안

구분	어르신 교안	신입 직원 교안

목차	• 오리엔테이션
	  - 김춘수의 「꽃」을 읽고 소감 나누기 등
	• 1강. 노인에서 선배시민으로
	  - 평소 생각하는 노인의 이미지는?
	  - 복지관의 역할은?
	• 2강. 근본적인 질문, 나는 생각하는가?
	  - 선배시민이란 무엇이라 생각하는가?
	  - 아이가 참치캔에 손을 베었다면?
	• 3강. 선배시민, 공동체의 길을 묻다
	  - 내가 생각하는 사회적 위험은?
	  - 국민의 집이 되기 위해 무엇이 필요할까?
	• 4강. 선배시민의 길을 낸 사람들
	  - 어떤 자각에 의해 선배시민 대학에 참여하였나?
	• 5강. 후배시민을 품다
	  - 청년시대를 그린 신조어
	  - 우리나라 저출산 현상의 원인은?
	• 6강. 선배시민 상식을 전복하다
	  - 비판과 비난을 구분하기
	• 7강. 내 공간에서 나다운 실천을 상상하다
	  - '돌봄의 자원봉사'와 '권리형 자원봉사' 구분하기
		• 워크시트 1강
		  - 내 공간에서 나답게 실천하는 사회복지 종사자가 되자!
		• 워크시트 2강
		  - 우리가 걸어가면 길이 됩니다!
		• 선배시민 사례로 보는 사업 소개
		  - 선배시민 대학
		  - 세대 통합 프로그램 '소리통'
		  - 그루터기 봉사단
		  - 선배시민 미디어 봉사단 JWBC
		  - 공동체 건강 지킴이 '건강동아리'
		  - 노노상담 봉사단
		  - 하모니 봉사단
		  - 힘내라 청춘들
		  - 청소년 자원봉사 학교
		  - 손에 손잡고
		  - 경로당 활성화 사업
		• 함께 읽을 책 소개
		• 함께 볼 영화 소개

교육 조직가로서의 배움과 성장

교육 조직가로의 첫걸음

선배시민 교육 자료를 만들고, 그 자료로 강의까지 진행하는 것은 우리에게 큰 도전이었다. 노인과 원활하게 대화할 수 있는 질문을 만들자는 가벼운 마음으로 시작했지만, 사회복지사 스스로도 질문을 던지는 것에 익숙하지 않았다. 그것도 복지관 이용 방법이나 노인 개인사에 관련한 질문이 아니라, '선배시민'이라는 새로운 가치를 소개하고, 그동안 '노인'이라는 단어에 대해 품고 있던 생각, 젊은 세대를 바라보는 마음 등을 진솔하게 끌어낼 수 있는 질문을 만드는 것은 해본 적 없는 작업이었다. 직접 만든 교안으로 노인들을 만나는 것도 걱정이었다. 계획한 대로 강의가 진행될지, 질문에 어떻게 답할지 궁금하고 긴장됐다. 자신이 맡은 강의 시간이 다가올수록 강사로 서게 될 담당자들은 머리칼이 쭈뼛쭈뼛 서는 느낌이었다.

그러나 강의는 생각보다 성공적이었다. 관장의 말처럼 사회복지사는 노인들의 감정과 반응을 잘 읽는 능력이 있었고, 노인들과 이야기를 이어나갈 수 있는 강점을 가진 전문가들이었다.

> 강사로 어르신들 앞에 서는 건 좀 다른 느낌이었어요. 어떤 주제를 가지고 생각을 나눈다는 것은 새로운 경험이었고, 꽤 재밌었어요. 수업이 끝날 때쯤 내가 생각한 결론과 다른 생각을 말씀하신 분이 계셔서 당황스럽기는 했지만요.

모든 강의가 계획대로 이루어진 것은 아니었다. 어떤 질문은 우리가 생각했던 것과 전혀 다른 반응을 낳았고, 함께 논의하지 못한 것들도 적지 않았다. 그럼에도 강의에 참여했던 사회복지사들이 아쉬움 못지않게 만족감을 느낀 이유는 우리가 하나의 주제로 노인과 깊이 이야기했다는 데 있었다. "그 서비스는 이용하실 수 있어요" 혹은 "죄송하지만 어려울 것 같아요"가 아니라 노인과 사회복지사가 함께 살아가는 공동체에 대해 이야기했다는 점이었다. 사회복지사가 공동체에 대한 질문을 던지는 것만으로도 교육이 될 수 있음을, 이 과정을 통해 노인이 시민이라는 것을 자각할 수 있음을 깨달았다.

우리 안에서 찾은 교육법

노인들에게 질문을 던지기 위해서는 스스로에게 많은 질문을 던져야 했다. 선배시민의 존재와 가치, 선배시민과 후배시민의 관계, 공동체의 중요성 등을 어떤 질문으로 끌어안을 수 있을지, 어떤 현상으로 보여줄 수 있을지 고민했다. 항상 많은 지식과 현상의 바다에서 생존하는 우리였지만, 어떤 기준으로 골라 이야기해야 할지 막막했다. 처음부터 난관에 부딪혔다.

우선은 우리가 아는 것부터 시작했다. 그동안 선배시민 교육에서 익혔던 것들, 선배시민을 이해하는 데 도움이 되었던 것들이 무엇인지 찾았다. 어떤 점이 잘 이해되지 않았는지도 생각해 보았다. 우리가 처음 선배시민을 접했을 때의 반응과 노인 그리고 신입 직원의 반응은 다르지 않을 것이라 생각했다. 그래서 더 고민이 되었다. 선배시민 TF팀으로 모인 우리도 아직 선배시민을 완벽히 이해하지 못했고, 여기까지 오는 데에도 꽤 오랜 시간이 필요했음을 경험으로 알았기 때문이었다.

회의를 통해 각자의 경험을 이야기했다. 우리가 정한 선배시민 교안의 일곱 강들을 하나씩 짚어보며 해당 주제를 이해하는

데 어떤 사례가 도움이 되었는지, 어떤 점이 이해가 되지 않았는지 나누었다.

"선배시민이란 변화의 이름인 것 같아요. 「꽃」이라는 시에서 말하는 것처럼 어떻게 부르느냐에 따라 존재의 가치가 달라진다고 하잖아요."(안소연)

"선배시민이라는 단어가 너무 어려운 것 같아요. 지금은 '시민'의 역할에 더 무게를 두어야 한다고 생각하지만, 예전에는 '선배'라는 역할에 더 방점을 둔 것 같아요. 아마 많은 분이 그렇지 않을까요? 또 '시민'의 역할이 중요하다고 이야기하더라도, 시민이 어떤 존재인지 정의하기도 어려워요."(서재순)

"선배시민을 배웠을 때 이것이 선배시민이다, 선배시민의 관점이 무엇이다라고 이야기하기 어려웠어요. 그런데 참치캔 이야기를 들었을 때 충격적이었어요. 나도 참치캔을 따다가 다치면 조심했어야 했는데 조심하지 못해서 다쳤구나라고 생각해왔는데, 참치캔을 처음부터 그렇게 만들지 않았으면 됐다, 위험하게 만들었기 때문에 다쳤다는 관점이 충격적이었던 거죠. 이런 관점을 가질 수도 있구나, 이게 시민이구나 싶었어요."(전수희)

"정치에는 큰 관심이 없었어요. 누가 나에게 정치 성향을 물어본다면 중립이라고 대답했을 거예요. '중립'이라는 것이 있다고 생각한 거죠. 그런데 처음 정치의 삼각형이라는 것을 배웠을 때, 거기서 감명을 받았어요. 달리는 기차에 중립은 없다는 이야기를 들으며, '그렇구나, 이 사회가 달리고 있는데 내가 중립일 수는 없구나'라고 생각하게 되면서 나의 정치적인 방향성을 잘 세워야겠다는 생각을 많이 하게 되었어요. 내 생각을 이야기해도 되나 싶었는데 그럴 게 아니었어요. 우리는 생각이 다 다를 수 있고 내가 지향하는 바를 편안하게 이야기할 수 있는 구조가 되어야 하는구나라는 생각을 많이 하게 되었어요."(조수경)

"빈곤한 노인을 자신의 이야기 혹은 가족의 이야기라고 느끼지 못하는 경우에는 잘 공감하지 못하는 것 같아요. 신입 직원들과 지금 세대의 어려움을 이야기해보려고 해도 그것을 경험하지 못한 직원들은 공감하지 못해요. 어르신들도 마찬가지죠. 내가 경험한 이야기가 아니더라도 시민으로서 왜 연대해야 하는지 느낄 수 있는 사례를 발굴하는 게 필요한 것 같아요."(백윤미)

"우리가 자기 생각을 온전히 이야기하지 못하는 이유는 이 의견을 냈을 때 어떻게 평가받을지 두렵기 때문이에요. 내 이야기가 비난받지 않을 것이라는 믿음이 있다면, 자기 생각을 더 잘 말할 수 있지 않을까요?"(서재순)

이러한 우리의 논의는 커리큘럼에 고스란히 담겼다.

선배시민 교육 커리큘럼

강의	소재	교육 내용
오리엔테이션	김춘수 「꽃」	내가 불리고 싶은 이름
1강	선배와 시민의 정의	노인에서 선배시민으로
2강	참치캔	생각하는가? 생각당하는가? (짤짤이 순례, 참치캔 사례)
	빈곤 노인	
3강	정치 이야기	선배시민, 공동체의 길을 묻다 (생활 정치)
5강	젊은(후배) 세대의 어려움	후배시민을 품다 (수저 계급론, 저출산)
4강	자신의 생각 나누기	합의를 이끌어낸 소통 경험 나누기
6강		선배시민 상식을 정복하다 (비판과 비난 연습 문제)

결국, 우리는 토론에서 답을 찾았다. 우리가 동료들과의 대화와 토론을 통해 고민에 대한 답을 찾은 것처럼, 선배시민 교육 과정을 함께하는 참여자들도 우리의 가르침이 아니라 동료들과의 토론에서 그 답을 찾아갈 것이라는 확신이 생겼다.

예상치 못한 수확, 동료를 얻다

"사회복지사의 역할이 달라졌다고 느낄 때는 제가 토론을 이끌어나갈 때인 것 같아요. 이 토론에서 어떻게 하면 어르신들과 더 많은 이야기를 나눌까 생각하고 끊임없이 고민하

게 되면서 내가 기존에 수행하던 사회복지사의 역할과는 다르구나라는 것을 느껴요."(시재순)

"예전에는 따뜻하고 친절하고 좋은 사람이 되고 싶었던 것 같아요. 그런데 요즘 스스로 달라졌다고 느끼는 건 너무 도와주려고 하고, 친절하려고 하지 않아야겠다고 생각하게 된 거예요. 내가 어르신과 함께하지 않더라도 어르신이 잘 살 수 있게 하는 것이 무엇인지 생각하게 되었어요."(이여경)

"계속 물음표를 가지고 일하는 사회복지사가 되고 싶어요. 물음표가 없어지고 수동적이 되는 순간, 나 스스로도 일에 재미를 느끼지 못할 것 같고, 일의 의미 또한 생각하지 못할 것 같아요."(이은춘)

"저만의 철학을 명확하게 가지되, 어르신들과 만날 때는 유연한 생각을 가진 사회복지사가 되고 싶어요."(홍세희)

토론은 결국 토론에 임하는 동료들의 생활과 맞닿아 있다. 근황 토크에서도 주제 토론에서도 동료의 환경, 관심사, 성장 배경에 따라 모든 사람의 생각이 다름을 확인할 수 있었다. 처음에는 왜 저렇게까지 일을 할까, 왜 저렇게 생각할까 하고 이해하지 못했던 것들도 결국 토론에서 동료 사회복지사의 목소리에 집중하다 보면 이해할 수 있게 됐다.

"토론을 하다 보면 동료들을 진정으로 이해할 수 있게 되는 것 같아요. A는 저런 생각을 하고 있구나, B는 그런 가정환경에서 자랐구나, C는 요즘 저 분야에 관심을 갖고 있구나…. 이런 동료에 대한 이해의 조각들이 모이면 동료를 더 잘 이해하고, 동료가 하는 일뿐 아니라 동료에게도 애정이 생기는 것 같아요."(이은춘)

사회복지사가 선배시민 교육을 잘 할 수 있는 방법을 생각하고 커리큘럼을 개발하고자 모인 TF팀이었지만, 우리는 의외의 수확을 얻었다. '동료에 대한 이해!' 일할 때 힘을 주는 것도 동료지만, 어려움을 주는 것도 동료다. 가장 가까운 사람도 동료지만, 가장 먼 사람도 동료다. 동료로 인해 사업을 하고 싶기도 하고, 하기 싫기도 하다. 그런 동료를 이해할 수 있었다는 것은 큰 수확이었다.

노인을 조직하기 위해 만난 자리에서 우리는 동료를 이해하기 시작했다. 그 사람의 본질을 이해하면서 보이기 시작한 모습이 있었다. 동료와의 갈등은 나와 다름에서 오는 차이의 결과였다. 내가 고민하는 만큼 그도 고민하고 있었지만, 이를 서로 다른 형태로 드러냈음을 지금까지 알아채지 못했던 것이다.

우리는 선배시민 가치와 철학을 각자의 삶에 맞춰 이해하고, 서로 다른 모습으로 발전시키려 노력해왔다. 선배시민 사업을 사랑하는 방법은 모두 달랐지만, 우리 복지관에서 노인들과 선배시민을 이야기하기 위해 무수히 많은 노력을 해왔음은 분명했다. TF팀에서 교안 개발을 하며 쏟아지던 아이디어와 그에 대한 보충 설명, 혹은 반론 들이 내 의견에 대한 반대의 의미가 아니라 '나는 이런 방법으로 선배시민을 사랑하고, 이렇게 더 확장하고 싶다'는 표현이었음을 깨달았다. 표현은 투박하고 서툴지라도 우리 모두가 선배시민에 흠뻑 빠져 있었음은 분명했다.

4. 선배시민과 함께하는 행복한 지역공동체

존경받는 어르신

관점의 전환

"선배시민 교육이 아니었으면 노인을 부정적인 이미지로만 기억했을 거예요. 잘못된 이미지가 이제 깨지고 있는 것 같아요."(고경아 성남시마을공동체지원센터 전 센터장)

"중원노인종합복지관에 왔을 때 직원분들도 어르신도 서로 보면 인사를 하시더라고요. 그 모습이 되게 밝고 에너지가 넘쳤어요. 복지관도 선배시민도 사회 구성원으로서의 역할을 다하고 있다는 생각이 들었어요."(채종세 성남시마을공동체지원센터 전 주무관)

"선배시민이라는 단어 자체가 나이나 성별에 따른 제약을 없애주는 것 같아요. 사회 구성원으로서 선배시민인 본인의 경험치를 나눌 수 있고, 본인이 적극적으로 참여해서 공동

체의 중요한 문제나 의제를 함께 해결하는, 말 그대로 시민인 거죠."(이희예 환경운동연합 사무국장)

노인에 대한 지역사회의 인식은 어떨까? 노인에 대한 부정적인 사회적 시선이 달라질 수 있을까? 지역사회에서 함께했던 기관에 비친 선배시민의 모습은 어떨까? 선배시민은 사회와 분리된 돌봄의 대상이 아닌, 공동체 및 후배 세대와 함께하는 따뜻한 사람이다. 더불어 사회의 한 구성원이자 공동체의 길을 묻고 여는 존재로 노인에 대한 사회의 부정적 시각까지도 조금씩 변화하고 있다.

지역에서 광장을 꿈꾸다

"선배시민 활동(건강동아리)은 미세먼지 문제에서 출발했지만, 개인적인 수준의 실천에서 그치는 것이 아니라 우리 지역의 재활용 선별장이나 환경단체, 자원순환의 문제를 해결하기 위해 활동하는 기관 들을 방문하고 그들의 이야기를 듣는 방식으로 발전하는 걸 보고 놀랐어요. 보통 노인복지관에서 들려줄 수 있는 이야기는 그 나잇대에 맞다고 생각하는 것에 국한될 수밖에 없는데, 그 한계를 넘어선 모습이 인상적이었어요."(이희예)

선배시민의 실천은 복지관을 넘어 마을로 확대되기 시작했다. 과거의 사회복지사들은 복지관이라는 한정된 공간에서 노인과 지역주민 들을 만났다면, 이제는 마을과 학교로 나가 지역에 있는 사회복지사, 교사, 학생, 기관 단체 실무자 등을 만나며 시민권을 이야기한다. 다양한 마을 사람과의 사업 연계는 지역사회가 곧 선배시민의 실천 현장임을 확인시켜주었다.

노인은 지역의 학교를 찾아가고, 청소년수련관 등을 방문해 다양한 세대와 소통하며 활동한다. 청소년을 이해하기 위해 청소년을 둘러싼 우리 사회에 대해 학습하면서 청소년을 가슴으로 더 품게 되었다. 노인은 복지관을 넘어 마을과 지역에서 선배시민을 더욱 깊이 있게 배운다.

나 개인의 건강에서 공동체 건강 돌봄으로 활동 영역을 확장한 건강동아리는 지역의 환경운동단체와 함께하면서 지역 자원순환가게 re100에서 시민들을 직접 만나고 있다. 지역의 마을 만들기에 직접 참여하면서 지역 현안에 대해 함께 토론함은 물론, 마을을 돌아보고 직접 안전 관련 시설물을 챙기는가 하면, 쓰레기 처리 문제에 대해 주민들에게 안내하고 설득하는 과정도 함께한다.

선배시민 활동을 통해 복지관에서 마을로, 지역사회로 나아가면서 노인은 시민권을 몸과 마음으로 익힌다. 선배시민은 이제 다양한 세대와 광장에서 만나면서 우리 사회 시민으로서 새로운 꿈을 꾼다.

함께하는 지역사회

복지관은 학습과 토론의 광장

우리는 일상에서 직원들과 노인들이 함께하는 학습과 토론을 통해 새로운 광장을 경험하고 있다. '차이가 편안히 드러나는 광장.' 처음 이 말은 우리에게 매력적으로 다가왔다. 현실에서는 불가능하다고 생각했기에 더욱 이상적으로 느껴져서 그랬는지도 모른다. 선배시민을 배우기 시작하며 직원들과의 자리에서 생각의 차이, 실천의 차이가 드러났을 때는 때때로 불편했고 그 불편함이 싫어 선배시민에 대한 거부감으로 이어지는 경우도 있었다. 익숙하지 않은 옷 같았던 우리들의 토론과 대화는 시간이 흐르고 마음을 나누면서 차곡차곡 쌓여갔다. 그리고 지금 여기까지 왔다.

노인복지관은 오랜 기간 여가시설로서 돌봄을 중심으로 한 케어센터 기능을 해왔다. 케어 기능이 주였던 노인복지관에서 학습과 토론이 어떻게 가능했을까?

선배시민을 실천하기 위해서는 일방적으로 서비스를 제공하는 데서 벗어나, 생각을 나누고 끊임없이 대화해야 한다. 그 과정에서 부정적 시선으로만 보던 노인을 한 시민으로 달리 바라보기 시작했고, 사회복지사 또한 역할에 대한 고민과 성찰을 하며 근본적인 질문을 스스로에게 던지기 시작했다.

여기서 우리의 역할이 달라졌다. 기존의 사회복지 실천에서는 주로 서비스 전달자였다면, 선배시민 사업에서는 같은 시민이자 동료로 대화와 토론, 학습의 주체로서 교육하며 조직하는 활동가이다. 이처럼 노인들과 직원, 나아가 지역사회와 함께하는 과정에서 빼놓을 수 없는 것은 대화와 토론이다. 대화와 토론은 노인을 이해하고 지역사회로 한 발짝 나아가기 위해 후배시민, 공동체와 함께하는 선배시민 실천의 단초가 되었다.

나로부터 시작된 학습, 대화와 토론은 동료들과 노인들과 함께하는 과정으로 이어지고, 지역사회로 나가는 힘이 되었다. 복지관에서 그리고 마을에서 다양한 기관과 함께하며 노인들은 어느새 후배시민과 지역 돌봄의 주체가 되어갔다.

복지관은 마을 실험실

"신명희 관장 나와!" 복지관이 떠나갈 정도로 외치는 소리는 비가 오나 눈이 오나 빈번하게 들려왔다. 직원들은 대응하기 바빴고, 시끄러워하는 노인과 지역주민의 신고로 경찰이 출동하는 경우도 종종 있었다. 이 '소동'은 복지관에 대한 불만을 넘어 지자체와 정부에 대한 불만의 목소리를 한바탕 쏟아낸 후에야 마무리되곤 했다.

목소리의 주인공은 사례관리 대상자로 지역복지팀에서 재가서비스를 받고 있었는데, 평상시에도 술에 취해 있었다. 혹여라도 술을 마시지 않았을 때 반갑게 인사를 하면 재빠르게 지나쳐 버리고는 했다. 그분에게 꼭 선배시민으로 함께하고 싶다는 부탁을 하고 싶었다. 매일같이 복지관에 나오기에, 선배시민 활동을 함께할 수 있지 않을까 기대했다. '중원농부' 선배시민 봉사단이 꾸려질 때, 그분이 꼭 함께했으면 하는 바람을 동료들에게 이야기했다.

어르신은 사회복지사들의 설득과 노력으로 '중원농부', '가치 잇는 걷기 동아리'에 함께하게 되었다. 놀라운 변화가 일어났다. 매일같이 복지관 주변을 돌며 복지관 환경과 마을을 살피는 것은 물론 청소년들에게 유해하다면서 불법 유인물을 직접 제거하는 모습을 마주한다. 술에 취한 과거 어르신의 모습은 찾아볼 수 없었다. 이제 반갑게 인사를 하면 환한 미소로 반겨준다.

아직도 우리는 새로운 시도 중이다. 2022년 만들어진 '책 읽어 주는 할매 할배'의 선배시민들은 유치원에서 놀러온 어린이들과 함께 동화책을 읽고 몸으로 놀며 대화한다. '365 성남 지킴이' 선배시민들은 선배시민과 지역문화에 대한 높은 관심으로 뜨겁다. '먹보시선'은 시민들의 안전하고 건강한 먹거리를 꿈꾸며, 지역 주민들과 함께할 활동과 실천을 고민 중이다. 책을 매개로 선배시민 활동을 고민하는 '별 헤는 밤'은 이제 막 선배시민을 배우기 시작했다.

사회복지사들은 선배시민과 함께하는 고민과 대화, 따뜻해지는 관계 속에서 평범한 보통 '사람'을 먼저 만난다. 이렇듯 지역의 유치원, 초·중·고등학교와 대학교, 그리고 마을 단체들과 함께하는 선배시민 실천은 우리의 생각과 마음을 더욱 확장시킨다. 몸으로 익히는 것은 얼마나 중요한가! 후배시민들과 함께 소통하는 과정은 선배시민들에게 즐겁고 기쁜 여정이다. 복지관 안에서의 선배시민 교육과 일상적인 토론을 넘어 마을에서 새로운 사람들과 함께하는 실천은 상상이 아닌 일상이며 또 다른 상상을 불러오는 '실험'이다.

모두가 어우러지는 커뮤니티센터

케어센터를 넘어 커뮤니티센터로

노인복지관은 지역사회에서 노인만 가는 곳으로 인식되어왔다. 우리 사회의 고령화와 더불어 노인복지관도 고령화되면서 노인복지관의 역할에 대한 고민은 깊어지고 있다.

베이비부머 세대의 노인 세대 진입에 대한 오랜 고민과 다양한 세대와 함께하려는 노력은 노인복지관 곳곳에서 새로운 프로그램과 서비스를 중심으로 진행되고 있다. 베이비부머 세대의 노인 세대 진입을 고려해 추가하는 교육 강좌는 가치와 철학이 없을 경우 강좌 수만 늘리는 데 그칠 위험이 있다. 노인복지관의 기능과 역할에 대한 고민이 깊어질 수밖에 없는 현실이다.

선배시민은 취미·여가 및 노인복지 서비스를 넘어 노인복지관의 가치와 철학에 대한 새 방향을 제시한다. 2021년 연말 수능 시험 주간에 복지관에서는 선배시민들과 함께 '힘내라 샛별들!' 플래카드를 들고 고3 수험생들을 응원하러 나갔다. 이른 아침 축 처진 어깨에 무거운 가방을 메고 힘없이 고개를 숙인 채 교문 안으로 들어오던 청소년들은 선배시민을 보고 의아해했다. 그러나 이내 선배시민들의 '앞으로 더 빛날 너희들의 미래를 응원한다!'라는 힘 있는 메시지와 '그동안 최선을 다했던 너희를 응원한다'라는 큰 소리에 고개를 들고 '감사하다. 긴장되던 마음이 따뜻하게 풀어졌다'라며 화답했다. 또한 '수능 끝나고 복지관에 인사드리러 가겠다'라며 감사의 마음을 전했다.

선배시민은 이른 아침부터 샛별들을 힘껏 응원하고 나오는 길에 힘들다기보다, 이상하게 마음이 뜨겁고 힘이 난다고 했다. 복지관에서 선배시민을 학습하고 토론하며, 다양한 실천을 고민하던 중, 치열한 경쟁 속에 입시를 준비하는 후배시민들을 걱정하고 염려하며 기획하게 되었던 '힘내라 샛별들'을 통해 선배시민은 물론 사회복지사도 한 뼘 성장했다.

이렇듯 복지관은 노인과 지역사회를 잇는 역할을 계속해서 고민하고 만들어간다. 선배시민은 다양한 세대와 만났을 때, 복지관을 넘어 지역사회에서 실천했을 때 보다 뜨거워진다. 또한 토론하는 동료들과 차이가 편안히 드러나는 광장에서 마음을 나누고 생각을 나눌 때 보다 풍성해진다.

청소년들의 멘토로 활동하고 있는 '남한산성 할매' 신의선 선배시민은 "나는 죽을 때까지 선배시민 활동을 할 것이다"라고 말한다. 선배시민 활동을 통해 청소년을 이해함은 물론 지금 우리 세상을 더 알게 되었고 나 자신이 얼마나 의미 있는 존재인지를 알게 되었다고 한다.

자신의 의미를 발견하고, 공동체의 의미를 묻는 선배시민들과 함께 복지관도 끊임없이 고민한다. 복지관이 케어센터를 넘어 커뮤니센터로서의 역할을 고민하는 과정을 통해 노인 당사자만이 아니라 사회복지사, 지역주민이 함께 의미 있는 존재로 거듭난다.

급변하는 사회 속에서 노인복지관, 사회복지사 역할의 변화는 이미 시작되었다. 현장에서 느끼는 변화의 중심에는 '선배시민'이 있다.

> "중원노인종합복지관에서 실천하는 선배시민 활동을 지켜보면서 세대를 대표하는 시민들이 와서 각자의 역할에 맞게 참여하는구나, 같이 뭔가를 해볼 수 있겠다는 생각을 많이 해요. 앞으로 삶의 영역과 시민들과의 접점이 더 많아져야 될 것 같아요. 선배시민의 실천이 일상화되어야 될 것 같다는 생각이 들어요."(채종세)

> "중원노인종합복지관의 선배시민 활동은 선배시민과 후배시민이 지역사회 문제를 고민하고 이를 해결하기 위한 정책 등을 제안해요. 나이를 떠나 시민으로서 활동 영역에 제한을 두지 않는 거죠. 이는 선배시민 교육이 바탕이 되었기 때문에 가능한 일이라고 생각해요. 우리가 노인 대상으로 교육할 때는 이론 전달은 최소화하고 만들기 중심으로 해야 한다고 생각하는데, 그건 사회복지사들의 편의적 생각이죠. 이는 1회성 단순 체험에 그치는 경우가 많을 수밖에 없어요. 그래서 저는 선배시민 교육이나 활동이 중원노인종합복지관의 예처럼 복지관 밖으로 나와서 널리 퍼져야 된다고 생각해요."(이희예)

> "교육으로 끝나는 게 아니라 교육 후에도 지역 안에서 복지

관이 역할을 하고, 그 과정에서 선배시민들이 지역의 구성원으로서 지역사회에서 해야 할 역할을 고민하고 함께 실천한다는 방향성이 좋은 것 같아요."(고경아)

커뮤니티센터로의 변화를 위한 노력

케어센터에서 커뮤니티센터로 탈바꿈하기 위해서는 노인복지관이 지역사회와의 연계 속에서 선배시민이 다양한 세대와 소통하도록 돕는 플랫폼이 되어야 한다. 앞으로 노인복지관은 기존의 서비스와 돌봄 중심의 사업을 선배시민을 중심으로 한 교육·서비스·조직화 사업 등 3대 기능 중심으로 재편해야 한다.

이를 위해서는 첫째, 베이비부머 세대 및 지역 시민이 다수 참여할 수 있는 선배시민 대학 및 인문학 강좌 등 선배시민에 대한 다양한 교육이 일상적으로 이루어져야 한다. 이는 기존의 취미 및 여가 활동 중심의 교육에서 선배시민에 대한 교육과 토론을 일상화하는 변화를 의미한다. 이로써 노인복지관은 개인에서 지역사회로 선배시민들의 관심을 확대하고 노년의 삶의 의미를 찾도록 도울 수 있다.

둘째, 노인복지관 대상이 노인에서 시민으로 확대되어야 한다. 노인복지관이 더 이상 노인만을 위한 공간이 아닌, 지역사회의 다양한 시민이 오고 참여하며 여러 세대가 함께할 수 있는 공간이 되도록 해야 한다. 그러기 위해서는 노인복지관의 교육과 활동을 다양한 세대가 함께할 수 있도록 구성해야 한다. 어린이부터 청소년, 청년, 중장년층까지 함께하는 과정은 노인복지관이 노인 당사자는 물론 다양한 세대가 어우러지는 커뮤니티센터로서의 역할을 수행할 수 있게 할 것이다.

셋째, 선배시민 교육에서 그치지 말고, 교육 이후 동아리 활동과 자조모임 등으로 연결되도록 해야 한다. 교육 이후 자조모임이 연결되지 않을 경우, 일상에 다시 매몰되는 경우가 대부분이다. 선배시민 교육에서 중요한 실천은 대화와 토론이다. 자조모임 등을 통해 일상에서 선배시민들이 대화를 나누고 동료들과 새로운 광장을 만드는 과정은 선배시민에 대한 이해뿐 아니라 동료에 대한 이해, 세상에 대한 이해를 통해 나 자신의 의미를 발견하는 과정으로 나아갈 수 있다.

넷째, 선배시민의 교육과 활동 장소가 복지관에서 마을로 확대되어야 한다. 선배시민들은 복지관을 넘어 마을로, 지역사회로 나가 여러 세대와 함께 교류하고 활동할 수 있어야 한다. 다양한 주제(운동, 환경, 역사, 독서, 여행, 미디어 등)로 일상에서 지역사회의 각종 기관 및 마을에서, 여러 세대와 함께했을 때, 노인이 우리 사회의 시민으로서 선배로서 의미 있는 실천을 해나갈 수 있을 것이다.

"복지관에서 어르신들을 만날 때 철학과 가치를 가지고 만나는 게 중요하다고 생각해요. 일상에서 선배시민을 이야기하고, 다양한 사업을 통해 선배시민을 실천할 때, 복지관의 새로운 가능성과 방향성을 제시할 수 있다고 봅니다. 노인만이 아닌, 중장년을 포함한 여러 세대의 시민들이 복지관

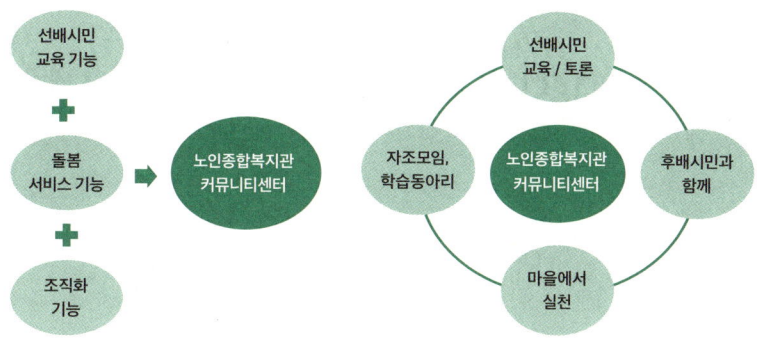

커뮤니티센터로서의 노인종합복지관의 3대 기능과 역할

에 와야 하고, 기본적인 신입 회원 오리엔테이션부터 평생교육 강좌까지 다양한 방식으로 선배시민을 이야기해야 해요. 교육 이후에도 지속적으로 활동할 수 있도록 지원해야 하고요."(김명희 대전 동구행복한어르신복지관 관장)

"선배시민은 중요하고 가치 있는 존재라고 생각해요. 그래서 역할이 좀 더 많아졌으면 좋겠어요. 지역사회에 나가서 다른 기관과 만나는 자리를 만드는 등 적극적으로 활동할 수 있는 접점을 계속 만들어내는 역할을 복지관에서 하면 좋겠어요. 징검다리처럼요. 그래야 지역사회에서도 선배시민의 활동을 인지하고 이들과 함께할 수 있는 활동을 만들기 위해 고민하게 될 것 같아요."(이희예)

지역사회와 어르신을 잇는 커뮤니티센터의 사회복지사

　　노인에 대한 관점의 전환은 노인복지관의 기능과 역할에 대한 변화로, 나아가 사회복지사의 정체성 및 역할의 변화로 이어진다. 중원노인종합복지관의 선배시민 실천은 2022년으로 만 10년을 맞았다. 10년의 세월이 지금의 선배시민의 실천을 만들어낸 가운데 가장 큰 변화는 사회복지사들의 학습과 토론, 대화가 자리 잡았다는 점이다. 기존의 10여 개 선배시민 동아리가 2~3년 사이에 19개로 늘었다. 선배시민이 단순한 사업을 넘어 가치와 철학으로 우리의 관계와 삶 속에서 논의되고 있다. 선배시민 동아리 활동은 선배시민에 대한 이해를 심화할 뿐 아니라, 우리 자신의 의미를 발견해나가는 과정으로 확대되고 있다.

　　그 과정에서 사회복지사의 역할이 기존의 서비스 전달자가 아닌 사회복지 전문가로, 공동체와 선배시민을 이어주는 교육가이자 조직가로 바뀌고 있다. 이같이 변화된 정체성을 실현하기 위해 사회복지사들은 동료들과 지속적인 학습과 토론으로 서로에게 든든한 지지기반이 되고 있다. '차이가 편안히 드러나는 광장'을 경험하면서 동료들과 노인들 그리고 지역주민도 함께할 수 있는 또 다른 광장을 꿈꾸고 있다.

　　이렇듯 선배시민은 노인 당사자뿐만 아니라, 사회복지사와 노인복지관의 방향까지도 함께 고민하고 성찰하게 한다. 기관을 넘어 지역사회, 공동체의 길을 묻고 지역사회와 소통하고 선한 영향력을 미치고 있는 것이다.

　　처음 선배시민을 만났을 때, 노인을 위한 사업으로 노인의 변

선배시민 철학에 따른 사회복지 실천의 변화

구분	기존 노인복지 실천	선배시민 실천
노인에 대한 관점	돌봄의 대상	돌봄의 주체
대상	노인	시민
실천 공간	복지관	마을, 지역
사업 내용 및 방법	서비스 중심 돌봄 제공	대화와 토론
	사례관리 및 자원연계	동아리 및 자조모임 (학습, 나눔)
사회복지사의 역할	서비스 전달자	교육가, 조직가
효과	서비스 양 확대	의미 확대

화를 필요로 한다고 생각했다. 직원들과 선배시민을 지속적으로 학습하고 실천하면서, 선배시민이 노인의 변화를 위한 인식개선 사업도, 노인만을 위한 사업도 아님을 알게 됐다. 선배시민은 사회복지에 대한 근본적인 물음에서 시작해 결국은 우리 사회 시민권에 대해 이야기하는 철학이자 사업임을 알았다. 즉 노인이라는 특정 대상을 위한 사업이 아니라, 나를 위한 사업이자, 동료 사회복지사들, 함께 만들어가는 선배시민들, 나아가 우리 사회의 모든 시민들을 위한 의미 있는 질문이자, 새로운 실천이었다.

우리는 오랜 시간 사회복지 현장에서 많은 사람들과 다양한 실천을 해왔다. 하지만 사람들의 삶은 여전히 나아지지 않음을 확인하며 때때로 고민하고 힘들어한다. 선배시민은 오랜 시간 앞만 보며 달려왔던 우리에게 질문을 던진다. 지금 우리는 어떤 실천을 하고 있는가? 어느 방향으로 갈 것인가? 이제는 멈춰 서서 돌아봐야 한다. 우리 현장을, 내 옆의 동료들을, 함께하는 선배님들, 후배들을…. 그들과 의미 있는 물음과 실천을 이야기하며 더디더라도 함께 걸어가야 한다.

선배시민은 우리 모두에게 특별한 변화를 요구하는 것이 아니다. 노인이, 우리들이 한 인간으로서 우리 사회의 시민으로서 얼마나 가치 있는 존재인지 이야기하고, 의미 있는 활동을 나누기 위한 대화의 광장으로 초대하는 것이 선배시민이다. 그 초대의 광장이자 차이가 편안히 드러나는 광장에서 동료와 선배, 후배들과 함께 신나게 대화하고 나눠보자.

에필로그_
민주주의 실험실에서 시작된 새로운 희망

유범상

'대한민국은 민주공화국이고 모든 권력은 국민으로부터 나온다.'

민주주의는 '민民'이 '주인主'이라는 것을 의미한다. 주인은 생각하고 말하고 변화시키는 존재이다. 따라서 민주주의는 그 사회 구성원이 곧 권력의 주체가 되는데, 이를 실현한 정치체제가 공화국이다. 민주주의의 핵심인 민이 자신들의 권리(인권과 시민권)를 알고, 이 권리를 우정(연대)에 기반해서 만든 공동체가 민주공화국이다.

공화국의 노인은 이 사실, 즉 자신이 민주공화국의 주인이라는 것을 앞서서 알고 전파하고 실천한다는 점에서, 후배들에게 선배가 된다. 이 선배는 민주공화국, 즉 누구나 당당하고 풍요로운 공화국을 꿈꾸고 실천한다. 근대국가는 이 구성원에게 '시민'이라는 이름을 붙인다. 시민은 자유권, 정치권 그리고 사회권을 권리로서 알고 이를 실현하기 위해 실천하는 존재이다.

> 우리는 선배시민이다.
> 우리는 서로에게 당당하고 풍요로운 세상을 꿈꾼다.
> 우리가 걸어가면 길이 된다.[1]

이를 골자로 하는 「선배시민 선언문」은 노인을 시민, 선배 그리고 인간이라는 존재라고 선언하고, 이 존재가 꿈꾸는 세상의 모습과 이런 세상을 실현하기 위한 실천을 담고 있다. 노인을 선배시민이라 호명하고, 이들이 꿈꾸는 세상을 누구나 서로에게 당당할 수 있는 풍요로운 공동체로 설정하고, 이것을 실천하려는 의지를 담고 있다.

혹자는 이 선언문이 노인들에게 너무 어려운 것은 아니냐고 필자에게 질문하곤 한다. 하지만 현장에서 이 선언문을 접한 노인들을 만나 보면, 기우에 불과하다는 것을 금방 알 수 있다. 이 선언문을 읽고 들은 노인 대부분은 선언문의 핵심을 정확하게 이해하고, 이런 존재인 자신을 자랑스러워한다. 한국의 노인들에게 이 선언문은 어려운 것이 아니라 생소한 것이다. 그도 그럴 것이 지금까지 한번도 들어보지 못했던 이야기이기 때문이다.

그렇다면 그동안 한국의 노인들은 왜 공화국의 시민이 되지 못했을까? 국가 권력은 '민족중흥의 역사적 사명'을 가지고 충

---

[1] 『선배시민: 시민으로 당당하게 늙어가기』, 유범상·유해숙, 마북, 2022.

성하는 존재, 즉 국민으로만 이들을 호명했지, 권리와 권력을 가진 시민으로 대하지 않았다. 노인들은 이것을 학습하고 실천해 본 경험이 거의 없다. 이들은 나이가 들어 더 이상 생산을 감당하지 못하게 되었을 때, 잉여인간, 사회적 짐, 쓸모없는 존재로 매도되면서 존재 자체를 부정당한다.

선배시민론은 이들이 보통 사람이라는 것을 이야기한다. 노인 간에는 다양성이 존재한다. 노인이 되어서도 삶의 질이 달라지지 않는 사회라면, 노인 존재의 고유성과 개성이 그대로 존중될 수 있다.

나아가 선배시민론은 정치적으로 노인이 권리와 권력의 주체라는 것을 말한다. 노인들은 자신들이 시민이고 선배이며 인간이라는 것을 알고, 이것을 실현하기 위해서는 시민들의 힘, 즉 시민력이 필수라는 것을 안다. 이런 점에서 선배시민론은 풀뿌리 민주주의 운동이다. 자신들의 권력을 국가 권력에게 넘기거나 활동가나 전문가에게 의탁했던 과거를 지나, 자신과 이웃이 권력의 주인이라는 것을 선언하는 선배시민들의 목소리는 그 자체로 민주주의를 향한 평범한 사람들의 외침이다. 이것이야말로 민주주의의 새로운 희망이다.

그동안 한국의 민주주의는 반공주의와 발전주의에 기반해 위로부터 부여된 '한국적 민주주의'와, 명망가 위주의 '이슈 치고 빠지기' 식 시민운동이 중심을 이루었다. '시민 없는 시민운동', '노동자 없는 노동운동'이라는 비판을 들을 정도로 시민과 노동자를 소외시켜왔다.

이와는 달리 선배시민론은 시민들에게 권리 의식과 권력 의지를 돌려주는 운동이다. 선배시민 운동은 모든 시민이 자기 목소리를 갖는 주인이라는 것을 선언하는 인권 운동이고, 최소한의 빵을 권리로 갖는 사회권을 주장한다는 점에서 생존권 투쟁이며, 후배시민, 이웃과 동료 들의 안전 보장을 제기한다는 점에서 생명 운동이다.

중원노인종합복지관이 나타나기 전까지 선배시민 운동은 사회복지 현장에서 이루어지길 바라는 상상이었다. 중원노인종합복지관은 이러한 이상을 일상으로 만들었다. 이곳에서 직원들의 학습이 이루어지고 학습동아리가 만들어지고 선배시민들의 권리 실현을 위한 실천이 나타났다. 민주주의가 풀뿌리에서 돋아난 사례다. 이런 점에서 중원노인종합복지관은 민주주의의 실험실이다.

중원노인종합복지관은 하나의 사례에 불과하다. 그럼에도 불구하고 왜 이렇게 한 권의 책을 쓸 정도로 흥분하는 것일까? 민주주의 원리와 될 수 있다는 희망을 그리고 선배시민 확산의 씨앗을 보여주기 때문이다.

민주주의는 시민들의 일상적인 학습에 달려 있다. '학學'이 앎이라면 '습習'은 익히는 것이다. 중원노인종합복지관에서는 모든 사람이 학습하고 있다. 6개의 사회복지사 학습동아리와 19개의 선배시민 학습동아리는 그 증표다. 이들은 끊임없이 만나고 토론하고 실천하고 평가한다. 학습동아리 민주주의의 원형이 바로 중원노인종합복지관에 있다.

사례관리에 기반한 서비스 전달자였던 사회복지사들이 지역의 활동가가 될 수 있을까? 중원노인종합복지관은 그것이 일상에서 자연스럽게 가능하다는 것을 보여준다. 선배시민 운동의 핵심은 노인들의 자각과 실천이지만, 이는 이것을 매개하는 사회복지사와 복지관이 함께해야 가능하다. 강의를 하면서 늘 부딪치는 문제가 사회복지사들의 태도였다. 너무 많은 프로그램과 민원 속에 파묻힌 사람들이 할 수 있을까? 중원노인종합복지관은 이상이 일상이 될 수 있는 가능성을 보여주었고, 선배시민 운동에 격려와 용기를 던진다.

하나의 온전한 사례가 나오기까지 꽤 오랜 시간이 걸렸다. 하나가 어렵지 제2, 제3, 제4의 사례로 전파되는 것은 처음처럼 어렵지 않을 것이다. 이미 도처에서 복지관들이 다음 타자로 나설 준비를 하고 있다. 이 운동은 도서관, 서울시50플러스재단, 시민운동단체, 노동조합, 마을 만들기 등으로 퍼져나갈 준비를 하고 있다.

민주주의는 결과가 아니라 과정이다. 중원노인종합복지관은 그 과정을 머금고 있다. 중원노인종합복지관의 실천이 도처에 전파되기를 희망하는 마음에서 이 책이 시작되었다. 중원노인종합복지관에서 시작된 민주주의 실험이 하나의 사례로 고립된 섬이 아니라, 한국 민주주의의 마중물이 되길 간절히 소망한다.

우리는
선배시민의 길을 만든다

초판 1쇄 발행 2023년 3월 10일
지은이 유범상·중원노인종합복지관 사회복지사들
펴낸이 김민하 **펴낸곳** (주)마북 **등록** 제353-2019-000023호(2019년 10월 24일)
인천시 남동구 소래역남로16번길 75 에코메트로3차 더타워상가 B103-5호
전화 070-8744-6203 팩스 032-232-6640 이메일 mabook365@gmail.com
www.mabook.co.kr, blog.naver.com/mabook365, facebook.com/mabook365

편집 정안나 **디자인** 공미경 **인쇄·제책** 한영문화사

ISBN 979-11-981387-0-5 04330
ISBN 979-11-969348-7-3(세트)

이 책은 저작권법에 따라 보호를 받는 저작물이므로 무단 전재와 무단 복제를 금하며,
이 책의 전부 혹은 일부를 사용하려면 반드시 (주)마북의 허락을 받아야 합니다.

KOMCA 승인필